웹/모바일 접근성,
모두를 위한 비즈니스 확장

웹/모바일 접근성, 모두를 위한 비즈니스 확장

수크리티 차다 지음

김현영 옮김

마이크 셔버넥(Mike Shebanek), Meta의 접근성 책임자

래리 골드버그(Larry Goldberg), 티치 액세스 및 XR 액세스 설립자

웹/모바일 접근성, 모두를 위한 비즈니스 확장

수크리티 차다 Sukriti Chadha

로크아웃 마운틴, 테네시, 미국

https://doi.org/10.1007/978-1-4842-7948-9

Apress Media LLC 매니징 디렉터: Welmoed Spahr

원고 자료 취합 편집자: James Robinson-Prior

개발 편집자: James Markham

코디네이팅 에디터: Jessica Vakili

Springer Science+Business Media New York, 233 Spring Street, 6th Floor, New York, NY 10013에서 전 세계 도서 거래에 배포합니다. 전화 1-800-SPRINGER, 팩스 (201) 348-4505, 이메일 orders-ny@ springer-sbm.com에 연락하거나 www.springeronline.com을 방문하십시오. Apress Media, LLC는 California LLC이며 유일한 회원(소유자)은 Springer Science + Business Media Finance Inc(SSBM Finance Inc)입니다. SSBM Finance Inc는 델라웨어 기업입니다.

번역에 대한 정보는 booktranslations@springernature.com으로 이메일을 보내주십시오. 재인쇄, 페이퍼백 또는 오디오 권리에 대해서는 bookpermissions@springernature.com으로 이메일을 보내주십시오.

Apress 타이틀은 학술, 기업 또는 판촉용으로 대량 구매할 수 있습니다. 대부분의 타이틀에 대해 eBook 버전 및 라이선스도 사용할 수 있습니다. 자세한 내용은 인쇄 및 전자책 대량 판매 웹페이지(http://www.apress.com/bulk-sales)를 참조하십시오.

이 책의 저자가 참조한 모든 소스 코드 또는 기타 보충 자료는 Github 리포지토리(https://github.com/Apress/Beyond-Accessibility-Compliance)에서 독자가 사용할 수 있습니다.

자세한 내용은 http://www.apress.com/source-code를 참조하십시오.

목차

제5장 | 모바일 접근성에서의 뉘앙스 처리

작가에 대해

수크리티 차다는 모바일 개발자 출신으로 현재 Spotify에서 모든 플랫폼에 대응하는 접근성 제품을 관리하고 있습니다. 현재 관심사는 Spotify의 모바일 앱을 전 세계 4억 5천만 명 이상의 사용자에게 안정적으로 제공할 수 있는 확장 가능한 모바일 인프라를 연구하며, 이를 수익화하는 것입니다.

수크리티는 2016년 Yahoo Finance에서 모바일 개발자로 커리어를 시작했습니다. 아버지의 당뇨 합병증과 한쪽 눈의 시력 손실 등의 경험이 접근성 향상에 관심을 가질 수 있게 하였습니다. 시각장애인이 음악 차트를 이용하고 햅틱과 음성 합성을 사용하여 데이터를 해석할 수 있도록 하는 특허 출시 및 오픈 소스 기술의 제공 등으로 접근성 분야에 기여하였습니다. 또한 청각장애인을 위한 햅틱 내비게이션 시스템 개발에 참여하였습니다.

이런 관심은 WCAG(Web Content Accessibility Guidelines)와 모바일 접근성 태스크포스(Mobile Accessibility Task Force)의 초기 참여자로 활동할 수 있는 원동력이 되었습니다. WCAG는 접근성에 대한 ISO(International Standard Organization) 표준의 기본 조건이며, 또한 미국 장애 복지법(ADA)의 기초 지침을 제정하는 실무 단체입니다. 수크리티는 수십만 명의 개발자가 주시하는 모질라 제품 자문 위원회에서도 일하고 있습니다.

CSUN(글로벌 최대 접근성 컨퍼런스), A Future Date Conference, Product-Lead

Festival, Mobile Growth by Branch.io, App Promotion Summit 등의 접근성 분야 컨퍼런스에서 정기적 강연도 진행하고 있습니다. 특히 '접근성을 위한 자동화된 모바일 테스크 프로젝트'는 업계에 큰 영향을 미친 프로젝트로 Product-Lead Alliance Award와 올해의 제품 개발자상(Stevie Award) 등을 수상했습니다.

그리고 비영리단체인 티치 액세스(Teach Access)의 회원으로도 적극적인 활동을 하고 있습니다. 티치 액세스는 접근성 전문가, 업계 리더, 학자들이 구글, 마이크로소프트, 페이스북, 월마트와 같은 기업들과 협력하여 고등학생과 대학생을 대상으로 접근성을 더 잘 이해할 수 있도록 돕는 단체이며, 프로그램에서 사용하는 디자인과 CS 과정의 기초 도서를 대학 교수들에게 제공합니다.

수크리티 차다는 프린스턴 대학교에서 전기공학 학사 학위와 금융 자격증을 취득하였고, 훈련된 파일럿이자 공인된 요가 강사입니다.

기술 검토자 정보

애슐리 퍼스(Ashley Firth)는 에너지 공급업체인 옥토퍼스 에너지의 프론트엔드 개발 및 접근성 부문 글로벌 책임자입니다. 회사 설립 이후 그는 고객과 협력하여 고객의 요구사항을 이해하고 새로운 기술을 사용하여 온라인 경험을 확장하였습니다. 옥토퍼스 에너지의 여러 제품을 통해 수많은 고객의 디지털 경험을 개선하였고 이의 결과로 몇 가지 수상을 하였습니다. 이 도서의 출판사인 에이프레스에서 출판한 그의 저서 『Practical Web Inclusion and Accessibility』는 아마존 기술 분야에서 판매 1위에 올랐습니다. 이 책은 다양한 사용자를 위한 웹 접근성 기능과 사용자가 겪는 불편함을 수집하여, 클라이언트용 사이트에서 사용자를 방해하지 않고 자연스럽게 사용 경험을 확장할 수 있는 실용적인 조언을 합니다.

애슐리는 고객 서비스에 대한 Young Energy Professional of the Year 상 후보에 올랐고 Festival of Marketing에서 웹 접근성의 중요성에 대해 연설했으며 eConsultancy가 기획발표한 최초의 신경다양성 보고서에도 참여하였습니다. 글쓰기와 대중 연설 외에도 그는 정부 기관과 민간 기업의 컨설턴트로 활동하며 접근성에 대한 해결 방식을 개선하도록 돕습니다. 그는 트위터 및 인스타그램(@MrFirthy)을 통해 독자들과 만나고 있습니다.

Meta의 마이크 셔버넥 서문
(Mike Shebanek, Meta)

세상에는 만나자마자 이 사람은 특별한 일을 할 것이라고 생각하게 되는 사람이 종종 있습니다. 수크리티 차다 역시 그러한 사람들 중 한 사람이고, 이 책 역시 예상하였던 특별한 것들 중 하나입니다.

처음 만났을 때는 수크리티가 접근성을 향한 열정과 관심을 키우고 있다는 것을 잘 인지하지 못했습니다. 그 시점에 우리는 곧 특허를 받을 제품에 대해 함께 연구하고 있었는데, 시력을 잃은 사람들이 차트와 그래프를 이해하고 사용할 수 있는 방법과 관련된 연구였습니다. 이 연구는 Yahoo Finance 앱에 적용되었고 이제 스마트폰을 이용하는 모든 사람이 위 연구를 통해 차트와 그래프를 이해할 수 있습니다. 이것이 수크리티가 처음으로 착수한 접근성 프로젝트였습니다. 그 이후로도 그녀는 소프트웨어 제품과 프로그램에 모든 이가 접근할 수 있는 방법에 대한 지식을 축적해 왔고, 이제는 그녀의 지식을 모두가 이용할 수 있도록 공유하고 있습니다.

이 책에서는 '장애란 무엇인가'와 '비즈니스 케이스를 만드는 방법'과 같은 광범위한 개념에서부터 프로젝트 관리, 테스트 도구, 사용자 요구분석, 모바일 앱 개발 과정에 이르는 접근성을 위한 코딩 뉘앙스(Nuance)와 효과적인 접근성 프로그램을 만드는 전략에 이르기까지 접근성에 대한 거시적 관점과 미시적 관점을 모두 제시할 것입니다. 이미 다양하고 흥미로운 실제 작업에 직접 참여했기 때문에 이 책에서도 보다 직접적이고 실질적인 연구 내용을 제시하고 있습니다. 또한 소프트웨어 엔지니어이자 제품 관리자로서 다른 곳에서는 찾아볼 수 없는 독특한 관점을 제공할 수 있습니다. 기술과 장인정신으로 무장한 그녀는 소프트웨어 기술 산업의 현장에서 다른 이들이 가지 않는 길로 나아가고 있는 듯합니다. 이 책을 통해 공유하는 것들은 대학 혹은 대학원 교육 과정에서 다루지 않았으며, 전자책을 포함한 어떤 책에서도 이 정도 규모로는 다룬 적이 없었습니다. 이전에 누구도 이와 같은 작업을 하지 않았다는 것이 그녀가 이 책을 쓰고 또 출판하기로 결심한 이유일 듯합니다. 이 책은 접근성 분야에서 일하는 모든 이가 꼭 읽어봐야 할 필독서입니다.

이미 접근성에 대해 어느 정도 알고 있거나, 더 많은 관련 공부를 원하는 경우, 이 책이 도움을 드릴 것입니다. 또 만약 이제 막 관련 공부를 시작했다면, 이 책을 시발점으로 하여 공부를 시작하는 것도 좋은 선택입니다. 당신이 어디에 있든 이 책에 담긴 내용은 앞으로도 꾸준히 참고해야 할 지침들입니다. 본 도서가 담고 있는 지식과 경험은 개인 스스로 찾아내기 어려울 뿐만 아니라 저자 역시 굉장히 힘들게 얻은 결과이기 때문입니다.

마이크 셔버넥
Meta의 접근성 책임자, Apple, Yahoo 및 Verison Media의 (전) 접근성 책임자

XR 액세스의 래리 골드버그 서문
(Larry Goldberg, XR Access)

"접근성 기술 분야에서 일하려고 한다면, 무조건적인 긍정주의자가 되어야 한다."

우리는 일상생활 속 전자공학 기술을 모든 이에게 접근 가능하도록 만드는 긴 여정에 속해 있으며, 좁혀지지 않는 틈, 버그 혹은 장애인이 경험하는 기술 장벽 등에 좌절하지 말아야 합니다. 오히려 기술 장벽을 뛰어넘는 제품을 올바르게 구축하여 성공적인 출시가 가능하다는 것을 계속해서 증명해내야 합니다. 제품을 원하는 수준까지 개발할 수 있도록 전념하고 있는, 똑똑하고 유능한 디자이너와 개발자는 모든 사람에게 적합하고 접근 가능한 제품을 만들 수 있습니다. 해시태그 #BornAccessible은 우리에게 영감을 주는 단어 그 이상입니다.

수크리티 차다는 이러한 저의 낙관주의를 강화해주는 사람 중 하나입니다. 우리는 Yahoo에서 처음 만났는데, 처음 만났을 때부터 그녀의 가치를 알아볼 수 있었습니다. 이 책을 통해 수크리티는 때때로 버그 투성이인 MVP와 불량 베타의 세계를 뛰어넘고자 하는 모든 사람에게 그녀의 지식을 아낌없이 공유합니다. 개발 단계별로 철저하고 명확하게 "그렇다, 할 수 있다"라고 말합니다. 수크리티에게 감사를 전하며, 다른 모든 이들에게 "접근성 구현과 관련하여 다른 것을 찾을 필요 없이 이 책을 읽으십시오"라고 말하고 싶습니다.

Yahoo의 (전) 접근성 책임자 래리 골드버그
접근가능한 미디어 및 기술 컨설턴트, XR 액세스 및 티치 액세스 설립자 참고 1: 여기에 제시된 생각, 권장 사항 및 모범 사례는 완벽하게 저자가 고안하였으며, 현재 또는 이전의 고용주, 기관 또는 조직을 대표하지 않습니다.

참고 2: 저자는 이 책의 모든 인세를 시각장애인을 위한 비스타 센터[1]에 기부할 예정입니다.

---

1   https://vistacenter.org/

감사의 말

먼저 아버지에게 감사를 전합니다. 저의 접근성에 대한 첫 관심은 아버지로부터 시작하였습니다. 또, 변함없는 지지와 격려를 보내주시는 어머니와 동생, 차이를 포용하는 것의 아름다움을 가르쳐 준 친척과 친구들에게도 감사의 말씀을 드리고 싶습니다.

제가 끝없이 섬세하게 작업에 임해야 한다는 것을 상기시켜주는 아산 바락튤라에게도 감사를 전합니다.

필립 프로바스코의 파트너십과 자신감이 없었다면 저는 이 여정에서 길을 잃었을 것입니다.

수잔과 벤 프로바스코의 이타적인 사랑에도 감사합니다.

마이크 셔버넥의 탁월함과 관대함, 리더십에도 감사드립니다. 가장 좋은 공부 기회를 주신 래리 골드버그와 장-밥티스트 쿠에르에게 감사드립니다.

지원과 지도를 아끼지 않으신 멘토, 선생님, 동료들에게 깊이 감사드립니다. 더불어 Spotify의 오디오/햅틱 차트 이니셔티브에 기여한 야틴 카우살, 개리 몰톤, 데런 버튼, 데이비드 그란디네티, 케이티 쿠에히 및 Yahoo 접근성팀에게 특별히 감사드립니다. 마크 파블르코프스키, 포샥 아그라왈, 에슐리 드부아, 라울 수바라마니암의 우정과 섬세한 조언에 감사드립니다. 철저한 피드백을 제공한 다니 데바사와 저를 믿어준 오드리 오클레어에게 감사드립니다.

마지막으로 이 책의 편집자, 에이프레스팀, 삽화를 그려준 엘리스 마그리오에게 감사를 전합니다.

서론

지난 수십 년 동안 기술은 우리의 삶을 깊고 다양한 방식으로 변화시켰으며, 우리가 주변 세계를 인식하고 상호 작용하는 방식을 결정했습니다. 산업 측면에서 최첨단 소프트웨어 제품을 시장에 출시하는 데 엄청난 진전을 이루었지만, 그 과정에서 장애를 가진 사람들은 소외되었습니다. 2021년 WebAim에서 실시한 연례 조사에 따르면 전 세계 상위 1,000,000개 웹사이트 중 97% 이상이 기본적인 접근성 자동 검증조차 통과하지 못하는 것으로 나타났습니다.[1]

왜 우리는 자율주행차를 만들고 인공위성을 우주로 쏘아 올리면서도 가장 기본적인 수준의 일상적인 제품을 장애인이 사용할 수 있도록 만드는 방법을 찾지 못하는 것일까요?

저는 Yahoo Finance에서 안드로이드 개발자로 일하면서 접근성을 하나의 학문으로 처음 배웠습니다. 그 시기에 아버지가 당뇨망막병증으로 한쪽 눈의 시력을 잃었습니다. 그때부터 시각장애인이 스마트폰을 어떻게 사용하는지 탐구하기 시작했습니다. 제가 주도한 첫 번째 이니셔티브는 주로 시각적 데이터를 전달하기 위해 톤(오디오)과 햅틱(터치)의 대체 모드를 사용하여 금융 시장 차트에 더 쉽게 접근할 수 있도록 하는 것이었습니다. 이 기능은 1장에서 자세히 다룰 예정입니다.

---

1   https://webaim.org/projects/million/

그 후 몇 년 동안은 개발자로서 접근성이 뛰어난 모바일 애플리케이션을 구축하는 데 많은 노력을 기울였습니다. 제품관리 분야로 업무를 전환한 후에는 수억 명의 사용자에게 서비스를 제공하는 회사(Yahoo 및 Spotify)의 제품 로드맵에 이러한 접근성 요구사항을 포함시키고 개발 우선순위를 정하는 일을 했습니다. 제가 초기에 알게 된 가장 놀라운 사실은 전 세계 인구 7명 중 1명이 어떤 형태로든 장애를 가지고 살아간다는 WHO의 추산이었습니다. 이는 전 세계 인구의 약 15%에 해당하는 수치로, 10억 명이 넘습니다.[2]

오늘날 밀레니얼 세대는 목적에 따라 움직이며 영향력을 발휘합니다.[3] 10억 명 이상의 소외된 사람들에게 서비스를 제공할 수 있는 기회가 분명히 있습니다. 그러나 지속적으로 접근성 문제가 뒷전으로, 후순위로 밀려나는 이유는 무엇일까요? 분명히 사람들의 삶에 영향을 미치고자 하는 동기와 전 세계 인구의 15%라는 놀라운 수의 사람들을 소외시키는 제품 사이에 단절이 있습니다.

---

2   www.who.int/health-topics/disability

3   https://sustainablebrands.com/read/organizational-change/what=matters-most-to-mille
     nnials-millennials-want-to-matter

그 주된 이유 중 하나는 변화를 주도할 수 있는 위치의 사람들이 문제의 심각성을 인식하지 못하거나, 변화가 주는 영향력의 의미를 총체적으로 고려하지 않았기 때문입니다. 제품 관리자, 엔지니어, 마케터, 디자이너, 데이터 과학자 등 제품 개발 라이프사이클에 관여하는 사람들이 여기에 해당합니다.

영향력 = 도달한 사람 수 × 각 사람에게 미치는 영향

이 방정식에서 누락된 것은 접근성 또는 포용성을 고려하지 않음으로써 잠재 고객과 직원이 배제되고, 이에 따른 기회비용과 소외된 시장 부문에 대한 잠재적 영향력입니다.

**영향 = (도달한 사람 수 × 각 개인에게 미치는 영향) – (제외된 사람 수 ×
각 개인에게 미치는 영향)**

접근성에 관한 대부분의 문헌은 디자인에 중점을 두고 있습니다. 디자인이 중요한 요소이기는 하지만, 일반적으로 접근성 부족을 단순 디자인 이슈로 취급하는 관행이 제품 개발 우선순위에서 접근성 고려가 밀리는 원인이기도 합니다. 접근성이 회사나 제품의 우선순위 고려 사항이 아닌 경우, 디자이너는 이를 염두에 두지 않으며 엔지니어에게 해당 작업을 부여하지도 않습니다. 소송[4]과 옹호 단체의 증가는 이러한 논의를 중요 안건으로 전환하는 데 도움이 되고 있습니다. 하지만 이러한 접근성의 우선순위화를 통해 성과로 전환하려면 제품 개발 라이프사이클에 대해 보다 정교하게 360도 관점에서 개발과 접근성을 통합하여 작업하도록 생각을 바꿔야 합니다. 이 책에 담긴 교훈과 프레임워크가 바로 이런 일을 하는 데 도움이 될 것입니다.

---

4   https://blog.usablenet.com/a-record-breaking-year-for-ada-digital-accessibility-lawsuits

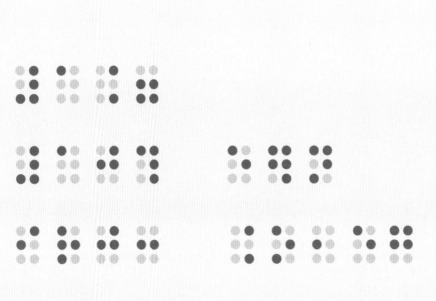

제1장

10억 명에
대한 질문

서두에서 오늘날 기술 제품에 있어 접근성 부재의 주요 원인으로 우선순위 지정을 꼽았습니다. 우선순위 지정 다음으로 가장 큰 과제는 노하우입니다. 학부 기술 프로그램, 소프트웨어 교육 프로그램, 부트캠프 그리고 기술 회사에서는 제품 개발팀을 위한 핵심 교육에 접근성을 포함하지 않는 경우가 많습니다. 따라서 접근성이 우선순위가 되더라도 개발팀은 접근성 높은 제품을 구축하거나 기존 제품의 접근성 문제를 해결하는 데 필요한 지식을 갖추지 못할 수 있습니다.

이 책에서는 이 두 가지 문제를 모두 다룰 것입니다. 이러한 문제와 그 해결책을 구체적으로 살펴보기 전에 몇 가지 기본 사항을 살펴보겠습니다.

장애란 무엇입니까?

먼저 장애라는 용어가 무엇을 의미하는지 이해하는 것이 중요합니다. 장애는 사람의 움직임, 감각 또는 활동을 제한하는 신체적 또는 정신적 상태로 정의합니다.[1] 디지털 접근성 가이드라인을 개발하는 단체인 월드와이드웹 컨소시엄(W3C)에서는 시각, 청각, 지체, 발달, 인지, 언어, 학습, 신경학 등 다양한 장애를 고려하고 있습니다.

이 정의에서는 장애가 일시적인지, 간헐적인지, 영구적인지를 고려하지 않습니다. 자동차 운전에 집중하는 사람은 운전 중에 스마트폰을 보는 것이 사실상 불가능합니다. 마찬가지로 언어장애가 없는 사람이지만 단말기의 음성 어시스턴트가 알아듣지 못하는 억양으로 말하는 경우, 해당 상호 작용에선 사실상 언어장애가 있는 것으로 간주합니다.

또한 사람들은 환경에 반응하거나 또는 환경설정에 준하여 동작과 활동을 수행합니

---

1   www.lexico.com/definition/Disability

다. 결국 장애로 인해 불이익을 받는 것과 더불어, 주변 환경이 어떻게 구성되어 있는가에 따라 효과적으로 참여하지 못할 수 있는 것입니다. 세계보건기구(WHO)는 1980년 장애에 대한 정의를 '개인적 특성'에서 개인적 및 환경적 요인을 포함하도록 변경했습니다.[2]

장애에 대한 이러한 폭넓은 이해는 소프트웨어 제품 개발자가 영구적인 장애를 가진 사용자의 입장을 공감하고, 장애인의 주변 환경을 보다 사용자 친화적으로 변화시킬 수 있는 힘이 있다는 것을 실감하게 하며, 결과적으로 모든 사람을 위한 더 나은 제품을 개발하는 데 도움을 줍니다. 이 정의는 장애를 개인의 의학적 상태 대신 사회적, 환경적 요인에 대한 한계로 간주하는 장애의 사회적 모델[3](의학적 모델과 반대되는 개념)과도 일치합니다.

접근성과 포용성
둘 사이의 차이

간단히 말해, 접근성은 장애인을 포함한 모든 사람이 인지, 도달, 진입, 대화, 사용, 이해하기가 쉽다는 특성입니다.[4] 근이영양증이 있는 사람은 여닫이문보다는 자동 슬라이딩문에 더 쉽게 접근할 수 있습니다. 또 녹내장 환자에게는 작은 글씨로 된 책보다 글씨 크기 조정이 가능한 아마존 킨들(이북리더)이 더 접근하기 쉽습니다.

접근성이라는 용어는 종종 규정 준수 또는 외부기관에서 정한 표준 충족과 혼동되

---

2   www.who.int/health-topics/disability#tab=tab_1

3   https://disabilityinpublichealth.org/1-1

4   www.dictionary.com/browse/disability

는 경우가 많습니다. 규정 준수의 목표는 제품 공급업체가 최소한의 요구사항을 지키도록 하는 것이지만, 이것이 제품의 사용 가능성을 보장하지는 않습니다.

규정 준수만으로도 법적으로 충분할 수 있지만, 아이폰과 같은 업계 최고의 제품은 최소한의 요구사항만을 충족한 상태에 머물지 않았습니다. 이러한 업계 최고 제품은 포용적이고, 최소 규제 요건을 뛰어넘으며, 사용하기 편리하기 때문에 사랑받고 있습니다. 바로 고객의 기대를 뛰어넘는 제품입니다.

그림 1-1과 1-2에 표시된 두 경사로의 차이점을 고려해 보십시오. 두 경사로 모두 규정을 준수하지만 사용자 측면에서는 많이 다릅니다.[5]

그림 1-1. 미로처럼 보이며 시각적으로 집 전면 전체를 차지하는 약 18m 길이의 경사로가 도로에서 집 문까지 불필요한 회전으로 이어지는 사진

---

5   www.theguardian.com/commentisfree/2014/feb/14/60-metre-wheelchair-ramp-britain -great

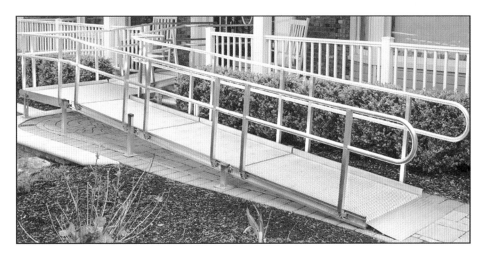

그림 1-2. 도로에서 집 문까지 이어지는 경사로, 측면 레일과 한 번의 회전이 있는 경사로[6]

재미있는 사실: 접근성(accessibility)은 기술 업계에서는 앨리(a11y)라고도 불립니다. A-Eleven-Y로 발음됩니다. 11은 a와 y 사이의 알파벳 수를 나타냅니다.

숫자의 힘

전 세계 인구의 15%는 엄청난 숫자입니다. 비즈니스 리더와 정책 입안자들은 접근성이 뛰어난 제품을 만드는 것이 비즈니스 측면에서도 도움이 된다는 사실을 깨닫고 있습니다(그림 1-3). 소프트웨어 비즈니스에서 접근성이 떨어진다는 것은 도달 범위가 제한되는 것이며, 나이가 들어 장애가 발생할 수 있는 기존 고객을 유지하지 못한다는 것을 의미합니다.

---

6   www.rehabmart.com/post/the-ultimate-wheelchair-ramp-buying-guide-how-to-choose
     -the-best

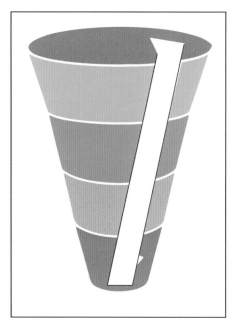

그림 1-3. 15%가 비어 있는 사용자 깔때기. 전체 인구의 15%가 쉽게 사용할 수 없는
제품을 구축하면 처음부터 제품의 잠재적 도달 범위가 제한됩니다.

상위 100만 개의 웹사이트 중 97%가 여전히 기본적인 접근성 문제를 가지고 있는
이유는 무엇일까요?

제품 개발의 설계, 엔지니어링, 테스트 단계에서 소외된 10억이라는 숫자가 도달하
지 못하는 이유는 다음과 같습니다.

(1) 일반 사용자와는 다른 유형의 장애를 가진 사용자의 기능적 요구사항이 존
재합니다.
(2) 때로는 이러한 요구가 서로 상충되는 경우도 있습니다.
(3) 사용자는 맞춤 설계와 엔지니어링 솔루션이 필요한 여러 장애를 가지고 있
을 수 있습니다.

(4) 접근성을 핵심 가치가 아닌 최적화로 간주하는 팀도 있습니다. 최적화는 도달 범위의 제한을 가지며, 이 제한을 없애고 전체적인 성장을 하기 위하여 접근성 높은 제품을 구축하는 추가 작업을 감수해야 합니다.

한 가지 예로, 터치스크린 기기에서 기존보다는 큰 탭 타깃이 필요합니다.

이러한 큰 탭 타깃은 운동장애, 부분 시력장애 및 인지장애가 있는 사용자에게 도움이 되지만 주어진 화면 크기 내에서 표시할 수 있는 콘텐츠의 분량이 제한됩니다. 예를 들어 저시력 사용자는 모든 콘텐츠에 액세스하기 위해 기존 페이지에 필요 없는 (번역자 주: 시각장애인은 화면보기 비율을 비장애인 대비 10배 이상으로 지정해야 읽기 가능함) 스크롤 이동 혹은 더 잦은 스크롤을 하게 됩니다. 7장에서 개인화, 멀티모달 상호작용 및 잠재적인 해결책으로 떠오르는 기술에 대해 설명하겠습니다.

장애유형, 유형구분 임계값, 유형별 보고방식은 국가별로 매우 다양하기 때문에 이용 가능한 글로벌 통계는 근사치일 뿐입니다. 그림 1-4의 미국 질병통제예방센터(CDC)[7] 통계를 통해 장애의 규모와 장애유형에 대한 개략적인 분류를 상대적으로 파악할 수 있습니다.

---

[7]   www.cdc.gov/ncbddd/disabilityandhealth/infographic-disability-impacts-all.html

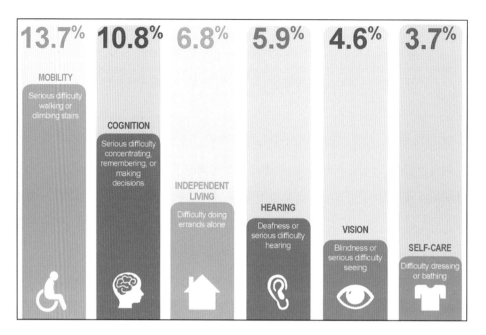

그림 1-4. 미국 성인 6,100만 명 중 가장 많은 사람이 영향을 받는 장애유형은 다음과 같습니다.
이동성 13.7%, 인지 10.8%, 독립 생활 6.8%, 청각 5.9%, 시각 4.6%, 자기 관리 3.7%

그림 1-4의 숫자를 합산하면 미국 인구의 15%를 초과합니다. 일부분의 합산이 15%를 초과하는 이유는 많은 사람이 복합 장애를 가지고 있으며 각 범주에 해당하는 사람들을 단순히 합산하면 이중 계산이 되기 때문입니다.

영양 수준, 의료 서비스, 사회 서비스 등의 차이를 고려하면 전 세계적인 장애인의 비율이 훨씬 더 높다는 점에 유의하시길 바랍니다. 세계보건기구에 따르면 장애인의 80%가 개발도상국에 거주하고 있습니다.[8]

---

8   www.globalcitizen.org/en/content/disability-in-the-developing-world/

장애인으로부터 영감을 받은
혁신의 역사

장애인의 요구를 해결하기 위해 제품을 만들면 모든 사람을 위한 더 나은 제품을 만들게 됩니다. 오늘날 우리가 사용하는 여러 가지 중요한 기술은 원래 장애인을 위해 개발된 혁신의 결과물입니다.

장애인은 대부분 장애인을 염두에 두지 않은 세상을 끊임없이 탐색해야 하기 때문에 가장 창의적인 문제 해결사인 경우가 많습니다.

연석 경사로가 대표적인 예입니다. 처음에는 휠체어 사용자를 돕기 위한 것이었지만, 비장애인 보행자들도 경사로가 있다는 사실에 감사함을 자주 느끼게 됩니다. 모든 사람이 사용하지만 장애인에게 영감을 받은 또 다른 주목할 만한 혁신은 다음과 같습니다.

- **타자기, 1808년** – 최초의 타자기는 앞을 보지 못하는 친구가 글을 읽을 수 있도록 돕기 위해 펠레그리노 투리가 만들었습니다.[9]
- **IBM, 1886년** – 인지처리 장애가 있던 허먼 홀러리스는 1890년 인구조사에서 데이터를 전송하기 위해 펀치 카드를 사용하는 아이디어를 구현했습니다. 이후 그는 표 작성 기계 회사를 설립했습니다. 1924년, 이 회사는 IBM이라고 불리게 되었습니다.[10]
- **오디오북, 1934년** – 리드폰 토킹북이 발명되었습니다.[11] 이 오디오북은 저작권

---

9   https://nfb.org/images/nfb/pubilications/bm/bm00/bm0002/bm000205.htm

10   www.ibm.com/ibm/history/ibm100/us/3n/icons/tabulator/

11   www.accessiblesociety.org/topics/technology/eleccurbcut.htm

상의 이유로 시각장애인만 사용할 수 있는 초기 오디오북이었습니다.

- **트랜지스터, 1948년** - 벨 연구소의 존 바디드, 윌리엄 쇼클리, 월터 브래틴이 트랜지스터를 발명하여 더 안정적이고, 더 작고, 더 저렴하고, 더 효율적인 보청기를 만들었습니다. 이들은 1956년 노벨 물리학상을 수상했습니다.[12]

- **이메일, 1972년** - 청각 장애가 있는 빈튼 서프는 청각 장애가 있는 여성과 결혼한 후 아르파넷(ARPAnet)을 위한 호스트 수준 프로토콜을 개발했습니다. 그는 이메일의 전신인 텍스트를 사용하여 컴퓨터를 통해 아내와 소통했습니다.[13]

- **키보드, 1988년** - 말을 못하는 사람들이 신디사이저를 사용하여 대화할 수 있도록 돕기 위해 만들어진 그림 기반 키보드를 소매점 계산대에서 사용하기 시작했습니다.

- **캡션, 1998년** - 동영상에 캡션과 오디오 설명을 간단하게 추가할 수 있는 동기화된 접근 가능한 미디어 교환(SAMI)이 출시되었습니다.[14] 2019년 설문조사에 따르면 69%의 사람들이 공공장소에서 소리를 끄고 동영상을 시청하며 캡션을 사용하는 사람의 80%는 청각 장애가 없는 것으로 나타났습니다.[15]

- **주방 도구, 1990년** - 샘 파버는 관절염을 앓고 있는 아내가 요리 도구를 사용하는 데 어려움을 겪는 것을 보고 옥소 굿 그립스[16] 주방 도구를 설립했습니다.

- **OCR, 1976년 및 컴퓨터 생성 음성** - 레이 커즈와일은 시각장애인을 위해 컴퓨터로 생성된 음성을 읽어주는 최초의 광학 문자 인식 기계[17]를 발명했습니다.

---

12   www.academia.edu/6058944/Hearing_Aids_and_the_History_of_Electronics_Miniaturization_2011_

13   www.hearingloss.org/wp-content/uploads/Cert_Interview_MayJune2009_HLM.pdf?pdf=2009-hlm-mj-bchertok

14   www.w3.org/WAI/sami.html

15   www.streamingmedia.com/Articles/ReadArticle.aspx?ArticleID=131860

16   www.oxo.com/blog/behind-the-scenes/behind-design-oxos-iconic-good-grips-handles/

오늘날 자동차, 아마존 에코와 같은 홈 어시스턴트는 동일한 기술을 기반으로
합니다.

접근성을 고려한 제품개발 투자의 동기를 부여하기 위한 위 예시들이 충분하지 않
다면, 2018년 Accenture 보고서에서 발췌한 다음 내용이 도움이 될 것입니다.

미국 노동부 장애인 고용 정책국은 장애인을 히스패닉과 아프리카계 미국인에 이어
미국에서 세 번째로 큰 시장 부문으로 분류합니다. 근로 연령에 해당하는 장애인의 재
량 소득은 210억 달러로, 아프리카계 미국인과 히스패닉계 미국인을 합친 것보다 더
큽니다.[18]

정책과 규제

여기에서는 기술 기업과 규제 기관에서 디지털 접근성을 평가하는 기준으로 널리
사용하는 기존 정책 프레임워크 몇 가지를 살펴봅니다. 정책 의미와 시행 방식에는 미
묘하게 차이가 있지만, 이러한 규정과 가이드라인이 접근성에 대한 기준선을 설정한다
는 점에서 동일합니다.

2019년 10월, 미국 대법원은 도미노피자 웹사이트에서 피자를 주문할 수 없어 도
미노피자를 상대로 소송을 제기한 시각장애인의 손을 들어주는 획기적인 판결을 내렸
습니다.[19] 변호인단은 ADA(미국 장애 복지법, Americans with Disabilities Act)가

---

17   www.historyoginformation.com/detail,php?entryid-1170

18   www.accenture.com/_acnmedia/pdf-89/accenture-disability-inclusion-research-report.pdf

19   www.cnbc.com/2019/10/07/dominos-supreme-court.html

오프라인 소매점에만 적용되고 온라인 상점에는 적용되지 않는다고 주장했습니다. 이러한 해석은 평등한 접근을 제공한다는 ADA의 정신에 위배되며, (신규) 온라인 스토어에 적용하지 않으면 장애인이 전체 경제활동의 상당 부분에서 배제될 것이라고 주장했던 장애인 옹호 단체의 승소였습니다.

규제 요건을 충족하는 것은 좋은 첫걸음이지만, 상식적으로 사용 가능하게 하거나 모든 사람이 만족하고 사용할 수 있는 제품을 만든다는 진정한 목표를 달성하기에는 충분하지 않습니다. 4장에서는 개별 제품에서 사용자의 요구를 충족하기 위하여 가이드라인과 프레임워크를 어떻게 조정할 수 있는지 살펴봅니다.

하지만 그 첫 단계로 비즈니스에 적용되는 법률, 정책, 가이드라인의 차이점을 이해하는 것이 중요합니다. 글로벌 시장에서 활동하는 기업은 나라별 요구사항이 다를 수 있기 때문에, 가장 좋은 해결 방법은 해당 법무 및 규제팀에 문의하는 것입니다.

미국에는 4가지 중요한 접근성 규정이 있습니다. 웹 콘텐츠 접근성 지침(WCAG), 21세기 통신 및 비디오 접근성법(CVAA), 섹션 508(Section 508), 미국 장애 복지법(ADA) 등의 규정이 소프트웨어 제품 개발에 적용됩니다.

1. 웹 콘텐츠 접근성 지침(Web Content Accessibility Guidelines, WCAG)

월드와이드웹 컨소시엄(World Wide Web Consortium, W3C)은 전문가 그룹, 기업, 학계 및 업계 전문가, 내부 직원, 대중이 함께 개방형 웹 표준을 개발하기 위해 협력하는 국제 커뮤니티입니다. W3C 내 웹 접근성 이니셔티브 그룹(Web Accessibility Initiative, WAI)은 접근성을 이해하고 구현하는 데 도움이 되는 표준과 관련 자료를 개발합니다.

WCAG 지침은 규제 항목은 아니지만, 접근성을 평가하는 방법으로 정의된 지침을 참조합니다. 2017년 미국의 섹션 508과 유럽에서 사용되는 EN 301 549의 기초가 되었습니다.[20] 또한 영국, 호주, 캐나다에서는 정부 관련 웹사이트의 표준으로 WCAG를 참조합니다. 예를 들어, 영국의 정부 사이트는 WCAG 레벨 AA 준수를 위해 노력해야

합니다.[21]

WCAG 지침은 다음과 같은 네 가지 원칙을 기반으로 하며, 이를 약칭하여 POUR라고 합니다.

- 인식의 용이성(Perceivable)
- 운용의 용이성(Operable)
- 이해의 용이성(Understandable)
- 견고성(Robust)

소프트웨어 개발자는 접근성 준수 강도에 따라 세 가지 적합성 수준으로 WCAG 지침을 충족할 수 있습니다.

- 레벨 A(필수적인 최소 지침)
- 레벨 AA(접근성 향상을 위한 중간 수준 지침), 모든 레벨 A 지침 포함
- 레벨 AAA(기술구현이 어려운 강화된 지침), 모든 AA 지침 포함

다음 장에서 이러한 가이드라인에 대해 자세히 살펴보고 가이드라인에서 벗어나는 경우의 예외조항에 대해 이야기하겠습니다. 또 한 가지 주목해야 할 점은, 하위버전 표준의 지침 항목들이 WCAG 3.0 상위버전에서 다른 항목과 표준으로 진화하고 있다는 점입니다.[22] 결국 표준 가이드라인은 이전 하위 버전(WCAG 2.1)에서 정한 최소 요구 사항을 충족하는 것에 머물지 않고, 변화하는 기술 환경에 발맞추고 더 광범위한 사용

---

20   www.w3.org/WAI/news/2018-09-13/WCAG-21-EN301549/

21   www.gov.uk/guidance/accessibility-requirements-for-public-sector-websites-and-apps

22   www.w3.org/TR/wcag-3.0/

자 요구사항 중에서 핵심을 추출하고, 더 나은 접근성을 향한 제품을 장려하기 위한 것입니다.

2. 섹션 508(Section 508)

1998년 개정된 1973년 미국 재활법(Rehabilitation Act, 번역자 주: 미국 의회는 1998년과 2000년에 재활법을 개정하여 연방기관이 소프트웨어, 하드웨어, 전자 콘텐츠 및 지원 설명서와 같은 EIT-전자 및 정보 기술 제품을 장애인이 액세스할 수 있도록 요구함)의 일부분입니다. 이 섹션에 따라 연방기금이 지원하는 모든 웹사이트는 WCAG 2.0 레벨 AA 기준을 준수해야 합니다. 여기에는 정부기관 및 정부 지원 비영리 단체, 공립학교 및 대학이 포함됩니다. 연방 기금을 받지 않거나 연방기관과 계약을 하지 않는 민간 기업에는 적용되지 않습니다.

3. 미국 장애 복지법(Americans with Disabilities Act, ADA)

1990년부터 시행된 이 민권법은 직업, 학교, 교통, 일반 대중에게 개방된 모든 공공 및 민간 장소를 포함한 공공 생활의 전 영역에서 장애인에 대한 차별을 금지하고 있습니다.

ADA는 공공 편의시설로 간주되는 모든 민간 및 공공 기관에 적용됩니다. 여기에는 호텔, 레스토랑, 식료품점, 은행, 의료 시설, 대중교통, 학교, 사회복지 서비스, 체육관 등이 포함됩니다.[23] 이 목록에는 물리적인 공공 편의시설뿐만 아니라 디지털 공공 편의시설도 들어가 있습니다.

---

23   www.ada.gov/taman3.html

4. 21세기 통신 및 비디오 접근성법(Communications and Video Accessibility Act, CVAA)

CVAA는 1980년대와 1990년대에 제정된 접근성 법률에 대해 새로운 디지털, 광대역 및 모바일 혁신을 포함하여 21세기 기술에 발맞추기 위해 제정되었습니다.[24]

여기에는 방송 TV 콘텐츠에 대한 폐쇄 캡션 요구사항을 인터넷 배포로 확대하고 브라우저 및 고급 통신 서비스 255(Advanced Communications Services, ACS)에 장애인이 액세스할 수 있도록 하는 것이 포함됩니다.[25]

이제 미국 외 지역의 몇 가지 규제 사례를 살펴보겠습니다.

1. 유럽 웹 접근성 지침(EU Web Accessibility Directive)

EU 지침은 모든 공공 부문 웹사이트에 접근성을 요구합니다. 다른 중요한 요구사항은 다음과 같습니다.

> (1) 공개 접근성 정책
> 접근성 정책은 조직이 콘텐츠의 접근성에 대한 정보를 제공하고, 접근성을 위한 노력을 보여주며, 사용자에게 문제가 발생할 경우 연락처 정보를 제공하는 방법입니다.[26]
> (2) 사용자가 접근 불가능한 콘텐츠를 신고할 수 있는 피드백 메커니즘
> (3) 회원국의 공공 부문 웹사이트 및 앱에 대한 정기적인 모니터링 및 결과 보고[27]

---

24 www.fcc.goc/consumers/guides/21st-century-communications-and-video-accessibility-act-cvaa

25 www.fcc.gov/general/advanced-communications-services-acs

26 www.w3.org/WAI/planning/statements/

2. 유럽 접근성법(EAA: European Accessibility Act)

2019년에 통과된 유럽 접근성법[28]은 장애인에게 가장 중요하지만 EU 국가별로 접근성 요구사항이 차이 날 가능성이 높은 제품 및 서비스를 대상으로 합니다.

이러한 제품 및 서비스에는 컴퓨터 및 운영 체제, 스마트폰, 디지털 텔레비전 서비스 관련 TV 장비, 뱅킹 서비스, 전자책, 전자상거래 등이 포함됩니다.

각 회원국들이 법 적용을 2025년 6월 28일까지 완료하도록 합의하였기 때문에 현재는 법이 시행되지는 않지만 그 효력은 지금도 발휘되고 있습니다. 웹 접근성 지침은 공공 부문 웹사이트에 초점을 맞춘 반면, 접근성법의 핵심은 민간 기업의 접근성을 요구한다는 점입니다.

3. 캐나다 접근성법(Accessible Canada Act, ACA)

ACA는 정부 웹사이트가 WCAG 2.0 레벨 AA 지침을 준수하도록 요구합니다. 개별 주에서도 접근성 관련 법률을 제정하고 있으며, 그 중 일부는 개발 중에 있습니다. 예를 들어, 온타리오 장애인을 위한 접근성법(Accessibility for Ontarians with Disabilities Act, AODA)은 2025년까지 장애물 없는 온타리오를 만드는 것을 목표로 합니다. AODA는 공공 및 민간 부문 기업 모두에 적용되며 위반한다면 매일 만 달러의 벌금이 부과될 수 있습니다.[29]

4. GDPR(General Data Protection Regulation), HIPAA(Health Insurance Portability and Accountability Act) 및 개인정보 보호 규정

데이터 수집 및 개인정보 보호 제한은 시장, 즉 서비스를 제공하는 지역에 따라 다릅

---

27   https://web-directive.eu/#toc1

28   https://ec.europa.eu/social/main.jsp?catId=1202

29   https://siteimprove.com/en-ca/blog/a-complete-overview-of-canada-s-accessibility-laws/

니다. 이러한 규정은 직접적인 접근성 규정은 아니지만 소비자용 기술 제품의 접근성 이니셔티브 측정 및 추적에 영향을 미칩니다.

일부 지역에서는 사용자의 특별한 허가가 필요할 수 있습니다. 다른 지역에서는 장애유형에 따라 제품에 대한 데이터 수집 또는 사용자 행동 분석을 제한할 수 있습니다. 미국의 경우 장애 데이터를 의미하는 것으로 해석될 수 있는 특정 건강 관련 데이터의 수집 및 사용을 금지하는 HIPAA[30]가 한 예입니다.

일반 데이터 보호 규정(GDPR)은 유럽연합(EU)의 데이터 보호 및 개인정보 보호에 관한 법률로서, 특정 범주의 개인 데이터 수집을 제한하고 사용자에게 자신의 데이터를 제어하고 관리할 권리를 부여합니다. 특정 국가에서는 장애와 관련된 데이터가 건강 데이터로 분류되어 일반 소프트웨어 제공업체의 수집이 허용되지 않거나 매우 제한적입니다.[31]

사례 연구:
시각장애인을 위한 데이터 시각화

필자가 2017년에 Yahoo Finance 및 접근성팀과 함께 설계하고 구현한 솔루션에 대한 사례 연구를 통해 기본적인 규정 준수 지침을 넘어서 어떻게 현 상태를 발전시킬 수 있는지 보여드리겠습니다.

그림 1-5는 1년 동안 Apple Inc.의 주가를 나타내는 선형 차트입니다. 대부분의 사용자에게 추세 요약을 제공하는 화면의 작은 섹션에는 연중 매일 하나씩 365개의 데이

---

30 www.hhs.gov/hipaa/for-professionals/privacy/laws-regulations/index.html

31 https://gdpr-info.eu/

터 포인트가 있습니다. 시력에 문제가 없는 사용자는 차트를 잠깐 살펴보면 2020년 3월에 상당한 하락이 있었고 9월에 상당한 상승이 있었다는 것을 알 수 있습니다.

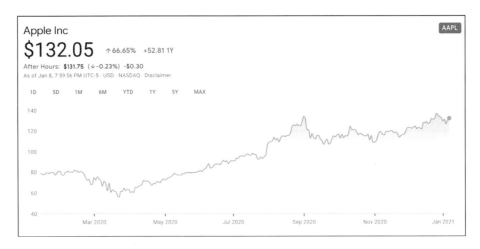

그림 1-5. 2021년 1월 기준 Google Finance Web[32]의 1년 Apple Inc. 주식 차트

이제 시각장애가 있고 스크린리더를 사용하는 사용자의 경험을 생각해 보겠습니다.

Note '스크린리더'는 시각장애인이 음성합성기 또는 점자 디스플레이를 통해 컴퓨터 화면에 표시되는 내용에 대한 설명을 들을 수 있는 소프트웨어 프로그램입니다. 사용자는 터치스크린 제스처를 통해 명령을 보내거나 컴퓨터 키보드 또는 점자 디스플레이의 다양한 키 조합을 눌러 스크린리더에게 음성표현, 음성출력을 하도록 지시합니다.[33] 스크린리더는 독립형 프로그램일 수도 있고 운영 체제에 내장되어 있을 수도 있습니다. 가장 많이 사용되는 세 가지 스크린리더는 JAWS, NVDA 그리고 VoiceOver 입니다.[34] (번역자 주: 국내 windows 환경에서는 센스리더 스크린리더를 주로 사용합니다)

---

32   www.google.com/finance/quote/AAPL:NASDAQ

33   www.afb.org/blindness-and-low-vision/using-technology/assistive-technology-products/screen-readers

현재 가장 많이 사용하는 금융 상품의 경우, 스크린리더가 표를 그냥 건너뛰거나 주요 데이터를 설명하지 않고 표 제목만 읽도록 하는 것이 일반적입니다. 첫 번째 경우, 스크린리더 사용자는 표가 있다는 사실을 모릅니다. 두 번째 경우에는 표가 있다는 것은 알지만 표가 무엇을 전달하려고 하는지 알지 못합니다. 이 두 가지 경우 모두 바람직하지 않은 방식이며 비장애인의 경험과는 크게 다릅니다. 이는 1장에서 설명한 이유, 즉 더 나은 솔루션을 구현하기 위한 우선순위와 기술적 어려움 때문일 수 있습니다.

스크린리더가 시각화된 데이터를 음성출력으로 읽을 때 권장되는 모범 사례는 방향성 추세에 대한 설명을 하고[35] 그 다음 단계로 데이터를 표처럼 말하는 것입니다. 이는 시각장애인에게 차트 대신 표 1-1과 같은 것을 보여주는 것과 같습니다.

표 1-1. 날짜와 각 행에 2020년부터 2021년까지 해당 주가가 있는 두 개의 열이 있는 표

날짜	가격
2020-01-13	79.239998
2020-01-14	78.169998
2020-01-15	77.834999
2020-01-16	78.809998
2020-01-17	79.682503
2020-01-21	79.142502
2020-01-22	79.425003
2020-01-23	79.807503
2020-01-24	79.577499
2020-01-27	77.237503
2021-01-06	126.599998
2021-01-07	130.919998
2021-01-08	132.050003

---

34   https://webaim.org/projects/screenreadersurvey9/

35   https://accessibility.psu.edu/images/chars/

이는 단순히 설명하는 것보다는 개선되었지만, 비시각장애인이 몇 초 만에 대량의 데이터를 빠르게 훑어보듯이 요약하는 경험에는 미치지 못합니다. Google Finance와 같은 몇몇 애플리케이션에서는 고가, 저가, 이전 종가 등 주요 데이터 포인트를 추출하여 읽기를 제공함으로써 표 구조에 대비하여 크게 개선하였습니다. 그러나 여전히 사용자가 모든 데이터 요소와 상호 작용을 하거나 이미 선택된 데이터 요소 외에 사용자가 관심 있는 데이터 요소와 상호 작용할 수 있는 선택지는 없습니다.

우리가 이것을 더 개선할 수 있을까요? 물론 가능합니다. 제 멘토인 장 밥티스트 케루(Jean-Baptiste Queru)가 지적했듯이 "최고라고 해서 잘하는 것은 아닙니다." 가이드라인을 넘어서거나 벗어나는 것이 더 나은 경험으로 이어지는 경우가 바로 이런 경우입니다.

대부분의 접근성 솔루션에 대한 사고 과정에는 사용자가 사용할 수 있는 신체적 인지 및 감각 기능을 활용하는 것이 포함됩니다. 시각장애의 경우 시각적으로 접근할 수 없는 정보를 전달하기 위해 소리와 촉각(터치)을 사용합니다.

오른쪽의 그림 1-6은 시각적 경험이 어떻게 보이는지 보여줍니다. 이 기능이 실제로 작동하는 모습을 보려면 https://youtu.be/d_c-auuDsz8를 참고해주세요.

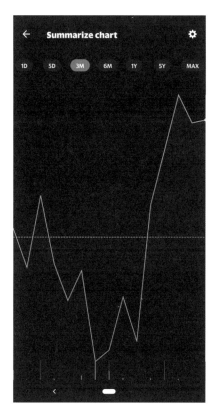

그림 1-6. 3개월 동안 상승 추세를 보이는 Yahoo Finance 안드로이드 앱의 오디오 차트 스크린숏.
가운데에 5개의 하락선이 있고 수평선은 이전 종가를 나타냅니다.

이제 사용자의 경험과 이러한 설계 및 구현이 수행된 이유를 분석해 보겠습니다.

1단계: 시각적 표현 없이 어떻게 정보를 요약합니까?

음성, 특히 가격의 상승과 하락에 따라 음정이 달라지는 음색을 사용하면 이러한 차이를 인식할 수 있는 사용자가 데이터의 추세를 빠르게 요약하는 데 도움이 될 수 있습니다. 시각장애인을 대상으로 실시한 사용자 연구에서 실험 대상자의 약 80%가 해당음성을 들은 후 전체적인 패턴을 그릴 수 있었습니다. 다음 쪽의 그림 1-7은 실제 사용자의 그림 샘플이 포함된 이미지를 보여줍니다.

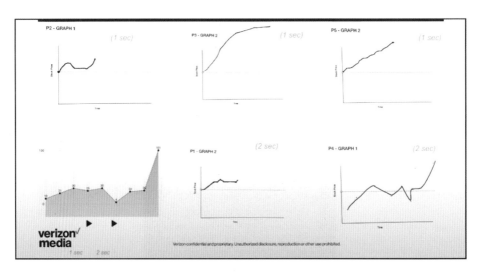

그림 1-7. 저시력 사용자를 위한 오디오 햅틱 차트 솔루션의 효과를 테스트하기 위해 열린 연구 세션에서 5명의 사용자가 그린 참조 차트. 모두 상승 추세 차트를 그렸습니다.

2단계: 사용자가 흥미를 잃지 않고 데이터에 몰입하도록 하려면 어떻게 합니까?

비디오나 오디오 파일을 스크러빙(Scrubbing)하여 특정 시간으로 건너뛰는 것처럼, 사용자가 스크린리더로 차트 탐색을 중단하기로 결정하면 톤을 재생하고 데이터 포인트를 소리 내어 읽어줍니다. 사용자가 이 모드에 들어가서 앞뒤로 탐색하면 이미 익숙한 패턴인 표처럼 데이터가 읽혀집니다. 전체 추세를 탐색할 준비가 되면 다시 스크러빙을 시작하여 톤을 들을 수 있습니다.

3단계: 시각장애인에게 차트가 필요한 이유는 무엇입니까?

이 환경은 완전실명 사용자만을 위해 설계된 것이 아닙니다. 저시력, 부분 시력 또는 기타 시각장애인도 화면을 어느 정도 볼 수 있기 때문에 차트를 보면서 표를 듣는 것은 인지적 이해에 도움이 됩니다. 시각장애인을 도와 애플리케이션을 사용하는 경우 비시각장애인도 시각적 표현의 이점을 누릴 수 있습니다.

4단계: 장애인 전용 화면이 필요한 이유는 무엇입니까?

이 기능에 대한 사용자 연구를 수행했을 때 시각장애인은 화면에서 동일한 공간 위치를 계속 터치할 수 없다는 사실을 발견했습니다. 예를 들어, 화면의 첫 번째 1/3에서 무언가를 탐색하다가 손가락을 떼면 해당 영역을 다시 정확하게 탭 하기 어려웠습니다.

그렇기 때문에 이미 데이터 밀도가 높고 다양한 상호 작용을 지원하는 차트 환경을 전체 화면으로 만들었습니다. 사용자는 가로 폭과 세로 폭의 전체 범위가 확장되어 유용한 방향성을 제공받고 의도하지 않은 화면 요소를 실수로 활성화할 여지가 적다는 것을 알 수 있습니다.

사용자가 멈췄을 때 강조 표시되는 데이터 포인트에 해당하는 인비저블(Invisible) 요소를 차트 위에 오버레이(Overlay, 덧씌우기)하여 구현할 수 있습니다. 이 프로젝트는 안드로이드용으로 제작되었으며 오픈 소스입니다. 다음의 링크에서 확인할 수 있습니다. https:// github.com/yahoo/SongbirdCharts. 여기에 Apple의 iOS 15부터 VoiceOver로 오디오 차트를 지원하기 위한 API(Application Programming Interface)를 제공합니다.[36] 이 API는 최소, 최대, 평균과 같은 주요 의미 정보를 사용자에게 반환합니다. iOS 및 안드로이드 제품(두 개 환경은 모바일 시장의 99.4%를 차지합니다)의 개발자는 시각장애인을 위한 더 나은 차트 환경을 지원하는 도구를 무료로 사용할 수 있습니다.

---

36 https://developer.apple.com/documentation/accessibility/axchart

5단계: 사용자 맞춤 설정은 무엇입니까?

기본 버전에서는 일반적으로 사람이 듣기 좋은 가청 주파수 범위인 200~750Hz를 선택했습니다. 하지만 사용자들은 자신의 선호도와 청각 능력에 따라 피치 범위를 조절하고 싶다는 의견을 제시했습니다.

데이터를 읽는 형식에서 파생된 여러 가지 사용자 맞춤 설정 옵션(사용자 지정한 설정 항목)입니다. 사용자는 시간과 관련된 X축, 즉 읽을지 여부와 세부 내용을 어디까지 읽을지를 선택할 수 있습니다. 이는 사용자가 데이터 요소를 하나씩 탐색하는 경우 반복되는 긴 설명이 경험을 방해할 수 있기 때문에 중요합니다.

또한 범위 간 전환을 가능하게 하는 버튼의 순서를 변경하여 사용자가 범위를 선택하기 전에 차트를 살펴볼 필요가 없도록 했습니다.

6단계: 추가적으로 어떤 개선이 가능합니까?

사용자가 경험을 시작하기 전에 사용자가 찾고 있는 데이터에 대한 요약을 제공하는 것이 도움이 되는 경우가 많습니다. 금융 차트의 경우, 대부분의 사용자가 관심을 갖는 네 가지 데이터 포인트는 전일 가격, 최고가, 최저가, 선택한 범위의 현재 가격입니다.

사용자가 스크린리더의 초점을 차트에 맞추자마자 이 정보가 주식 이름 및 현재 선택한 시간 범위와 함께 표시됩니다. 또한 사용자가 기본 설정을 사용하는 대신 제목으로 탐색하기로 결정하면 전체 데이터 집합을 구문 분석할 필요 없이 차트에서 이러한 데이터 포인트를 건너뛸 수 있습니다.

햅틱 또는 진동을 사용하면 더욱 강화됩니다. 사용자에게 중요한 포인트를 전달하거나 스크러빙을 중단하고 톤을 들을 때 피드백을 제공합니다.

금융 차트의 경우 또 다른 정보 계층은 현재 데이터 포인트가 이전 종가보다 높거나 낮은 상태를 표시하는 것으로, 이는 트레이더가 관심을 갖는 사항입니다. 그림 1-8에 표시된 것처럼 수평선으로 그려집니다.

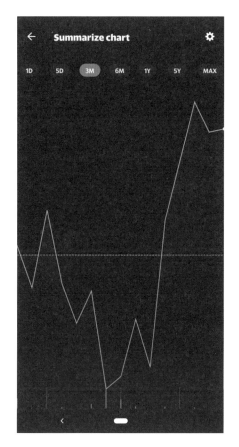

그림 1-8. 3개월 동안 상승 추세를 보이는 Yahoo Finance 안드로이드 앱의 오디오 차트 스크린숏. 가운데에 5개의 하락선이 있고 수평선은 이전 종가를 나타냅니다.

이런 사용자 경험에서는 사용자가 종가보다 낮은 데이터 포인트와 상호 작용할 때 그리고 높은 데이터 포인트와 상호 작용할 때 소리의 질감을 사용하여 에코를 추가합니다. 사용자가 에코가 산만하다고 생각하면 끌 수 있으며, 이는 혁신적인 새 기능이나 개선 사항을 도입할 때 항상 중요한 옵션입니다.

사례 연구 요점

　이 예는 주식 차트에 초점을 맞추었지만, 이 원칙은 금융 시장 이외의 차트에도 적용할 수 있습니다. 실제로 시각장애인 학생이 비장애인처럼 시각 정보를 쉽게 해석할 수 없는 교육 분야에도 적용될 수 있습니다. 각 애플리케이션은 상황과 사용자에 따라 뉘앙스(기능의 미세화, 상세화 정도)와 최적화가 달라집니다. 이것이 바로 접근성의 본질입니다. 그러나 일반적인 접근성을 달성하는 가이드라인을 단순히 따르는 것보다는 제시된 가이드라인 이상으로 생각하는 것이 모든 사람에게 즐길 수 있는 경험을 제공할 수 있기 때문에 더 큰 보상을 얻을 수 있습니다.

가장 어려운 도전

　제품 개발팀에게 제품의 접근성을 높이는 데 관심이 있는지, 또는 이것이 집중해야 할 중요한 영역인지 물어본다고 가정해 보겠습니다. 이 경우 거의 대부분이 "당연하지만 어디서부터 시작해야 할지 모르겠습니다"라는 비슷한 대답을 듣게 될 것입니다. 누구와 대화하느냐에 따라 이 대답은 다음 중 하나 이상으로 대응할 수 있습니다.

- 장애인이 우리 제품을 어떻게 사용하는지 모릅니다.
- 접근성 규격이나 지침에 우선순위를 지정하는 방법을 모릅니다.
- 가이드라인을 읽었지만 솔루션을 구현하는 방법을 모릅니다.
- 솔루션을 테스트하거나 검증하는 방법을 모릅니다.
- 모바일 또는 웹 환경 이외 기타 제품을 개발 중인데 어떻게 해야 하나요?

　미래의 기술 전문가를 양성하는 대부분의 교육 기관에서는 접근성 학습이 필수 사항이 아니기 때문에 관련 지식이 부족합니다. 또한 장애인은 기술 인력에 포함되지 않는 경우가 많습니다. 따라서 포용적 접근성을 구축하려면 이러한 한계 사항 없이 수년간의 연습이 필요합니다. 희망적인 소식은 이러한 어려움은 모두 극복 가능하다는 것입니다.

팀이나 회사 내에서 가능한 모든 사용자 요구사항을 반영하는 것은 불가능하지만, 실제 경험을 가진 사람들을 프로세스에 참여시킬 수는 있습니다. 인간이 가진 재능 중 하나는 우리와 같은 배경, 필요, 어려움을 공유하지 않는 다른 사람들과 공감할 수 있는 능력입니다. 장애를 경험할 수 있는 일시적인 상황에 처해보는 것은 전혀 경험하지 않는 것보다 생생한 경험에 한 걸음 더 가까이 다가가는 것입니다. 이러한 경험에서 얻은 인사이트는 실제 사용자의 관찰과 결합하면 제품의 잠재력을 최대한 실현하는 데 매우 유용합니다.

다음 장에서는 이러한 각 질문을 해결하기 위한 개념, 원칙, 실행 가능한 단계를 살펴봅니다. 2장에서는 접근성에 대한 투자를 유도하는 데 도움이 되는 중요한 질문인 "영향력을 어떻게 측정하고 우선순위를 정할 것인가"에 대한 답을 찾을 수 있습니다. 3장에서는 전반적인 제품 개발 라이프사이클과 관련된 다양한 비즈니스 기능에 대해 다룹니다.

4장에서는 웹 수준으로 문서화가 되어 있지 않은 플랫폼에서의 구현에 대한 구체적인 내용을 예시하고 자세히 살펴봅니다. 5장과 6장에서는 유지 관리가 가능하고 접근성이 뛰어난 제품을 구축하기 위한 자동 및 수동 테스트를 포함하여 접근성 테스트에 대해 자세히 살펴봅니다.

마지막으로 증강 현실(AR), 확장 현실(XR), 혼합 현실(MR), 가상 현실(VR)과 같은 최첨단 기술이 접근성 분야의 보조기술과 만나서 새로운 보조기술의 미래를 어떻게 변화시킬 것인지에 대해 논의할 것입니다.

대규모 접근성 문제는 비교적 아직은 새로운 분야여서, 기업들이 인식은 하고 있지만 적극적으로 해결하지 못하고 있을 수 있습니다. 교육, 문서화, 자동화, 접근성 데이터 처리, 사용자의 고유한 요구사항을 충족하기 위한 개인화 등의 과제들로 인하여 이 분야는 혁신의 대상으로 무르익고 있습니다. 그렇기 때문에 모범 사례에 대해 논의하면서 다음과 같은 기회도 발견할 수 있습니다.

모바일 포커스

이 책의 예제와 사례 연구는 다음과 같은 이유로 웹이나 데스크톱이 아닌 모바일 경험에 초점을 맞춥니다.

1. 금융 접근성 및 성장 기회로서의 모바일

세계 광고 연구 센터는 2025년까지 전체 인터넷 사용자의 72%가 스마트폰으로만 웹에 접속할 것으로 예측합니다.[37] 휴대폰[38]은 온라인 세계와 상호 작용할 수 있는 가장 경제적으로 사용하기 쉽고 가장 편리한 수단입니다. 안드로이드 휴대폰은 최저 20[39]달러에 구입할 수 있기 때문입니다.

모바일 기기에는 위치, 생체신호(안면인식, 심박수 등), 시각 및 청각 신호를 활용하는 센서가 장착되어 있어 기존에는 불가능했던 경험을 가능하게 합니다. 예를 들어, 스마트폰 사용자 10명 중 6명은 지난 1년간 음성검색을 사용해 본 적이 있습니다.[40] 또한

---

37   www.cnbc.com/2019/01/24/smartphones-72percent-of-people-woll-use-only-mobile-for-internet-by-2025.html

38   모바일 운영 체제와 관련하여, 이 책에서는 iOS와 안드로이드가 전체 스마트폰 시장의 99.3%를 차지하고 있기에(안드로이드는 전체 시장의 70%) 이 두 가지만 다룰 예정입니다. www.statista.com/statistics /272698/global-market-share-held-by mobile-operating-systems-since-2009/

39   www.techradar.com/news/the-land-of-the-20-smatphones

40   www.oberlo.com/blog/mobile-usage-statistics

모바일은 완전히 새로운 산업을 개척했습니다. 예를 들어, 전 세계적으로 큰 성공을 거둔 차량호출 앱인 우버(Uber)와 리프트(Lyft) 같은 앱은 모바일이 없었다면 존재할 수 없었을 것입니다. 웨어러블과 모바일 결제는 일상생활에서 모바일 경험을 새로운 차원으로 끌어올렸습니다. 모바일 결제시장 규모는 매년 30%씩 증가하여 2027년까지 약 12조 달러에 달할 것으로 예상됩니다(그림 1-9).[41]

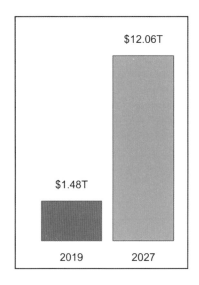

그림 1-9. 2027년까지 모바일 결제 시장 규모가 12조 6,000억 달러에 달할 것으로 예상됩니다.

2. 모바일에 특화된 과제

웹사이트 접근성 관련 기준과 원칙은 모든 디바이스에 적용되지만, 모바일에는 일반적으로 더 작은 화면크기, 터치스크린 인터페이스, 네트워크 연결성, 휴대폰, 웨어러블, 자동차 디바이스 등 모바일이 포함하는 범위 등과 연관하여 확장된 적용 영역의 과제가 있습니다. 대부분의 경우 모바일에서 액세스할 수 있도록 애플리케이션을 구축하

---

41 www.alliedmarketresearch.com.mobile-payments-market

면 더 큰 디바이스에서도 액세스할 수 있습니다. 3장에서는 모바일 접근성을 특히 까다롭게 만드는 몇 가지 예에 대해 자세히 설명합니다.

3. 접근성 모바일 개발 및 디자인 패러다임에 대한 문서는 실제 실무보다 몇 년 뒤처져 있습니다

모바일은 웹에 비해 상대적으로 새로운 공간이기 때문에 모바일 애플리케이션을 포용적 접근성 기준으로 구축하는 것이 기존 문헌에 잘 문서화되어 있지 않습니다. 모바일에 대한 최초이자 최신 WCAG 지침은 2015년에 발표되었는데,[42] 1999년 웹 버전이 발표된 지 16년, 첫 번째 아이폰이 출시된 지 8년 후입니다. 가이드라인은 여전히 유효하지만 모바일 환경이 완전히 새로운 상호 작용 패턴, 도구 및 디자인 패러다임으로 계속 진화하고 있기 때문에 모바일을 위한 새로운 가이드라인 작업이 WCAG에서 진행 중입니다.

4. 모바일에는 웹과 네이티브 애플리케이션이 포함됩니다

네이티브 애플리케이션은 해당 플랫폼을 위해 특별히 개발된 애플리케이션입니다. 디바이스 및 운영 체제에 구애 받지 않는 웹과 달리, 안드로이드용으로 개발된 네이티브 애플리케이션은 아이폰에 설치할 수 없으며 그 반대의 경우도 마찬가지입니다.

모바일의 정의는 휴대폰, 태블릿 및 웨어러블을 포함합니다. 웹사이트가 이러한 기기에서 액세스할 수 있도록 최적화되어 있다면, 더 많은 컴퓨팅 자원을 갖춘 더 큰 화면에서는 더 나은 성능을 발휘할 수 있습니다. 여기에는 UI(사용자 인터페이스)와 네트워크 사용량, 배터리 소모량, 메모리 사용량 등 모바일 기기의 접근성을 결정하는 요소가 모두 포함됩니다.

---

[42] www.w3.org/TR/mobile-accessibility-mapping/(번역자 주: 18년 및 23년에 접근성 분야 업데이트 추가) www.w3.org/WAI/standards-guidelines/wcag/new-in-21/ www.w3.org/WAI/standards-guidelines/wcag/new-in-22/ www.w3.org/WAI/standards-guidelines/mobile/

◖◗ 요약

- 전 세계 상위 1,000,000개 웹사이트 중 97% 이상이 시각, 청각, 지체, 발달, 인지, 언어, 학습, 신경 장애가 있는 사람들이 사용할 수 있는지 확인하기 위한 기본적인 자동 검증을 통과하지 못합니다.

- 접근성 규정 준수의 목표는 제공업체가 최소한의 요구사항을 충족하도록 하는 것입니다. 이는 장애인이 진정으로 편하게 또는 충분하게 사용 가능한 것과는 다릅니다.

- Yahoo Finance 앱 사례 연구에서 볼 수 있듯이, 단순히 접근성 규정만 준수했더라면 시각장애인이 빠르고 쉽게 정보에 액세스할 수 없더라도, 스크린리더를 사용하여 데이터를 이해하게 되었을 것입니다. 그러나 모바일앱팀은 한 걸음 더 나아가 사용자가 데이터를 읽어내는 오디오 톤을 통해 스크러빙할 수 있는 기능을 구현하기로 결정했습니다.

- 미국에서 가장 중요한 세 가지 접근성 표준은 CVAA, 섹션 508, 미국 장애 복지법(ADA)입니다. WCAG는 미국에서 법적 요건은 아니지만 1998년 개정된 재활법 508조의 근거가 됩니다.

- 이 책은 휴대폰과 웨어러블이 온라인 세계와 상호 작용하는 가장 빠르게 성장하고 경제적으로도 가장 접근하기 쉬운 수단이 되기 때문에, 특히 모바일 앱 접근성의 확장된 적용 문제와 잘 문서화되지 않은 지침을 해결하기 위해 모바일에 초점을 맞출 것입니다.

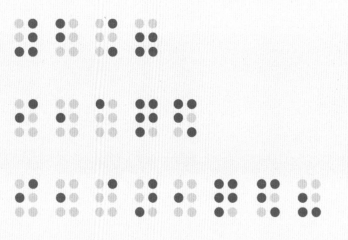

제2장

닭인가
달걀인가?

지난 장에서는 모든 사람이 접근할 수 있는 기술 제품을 통해 얻을 수 있는 시장과 잠재적 영향에 대해 논의했습니다. 접근성 높은 제품을 만들고자 하는 열망과 그 결과에 비해 전 세계 상위 1,000,000개 웹사이트 중 97%가 여전히 장애인에게 접근이 불가능하다는 현재 상태를 알았습니다.

우리가 파악한 주요 이유 중 하나는 명확한 진척도 측정 없이는 접근성 이니셔티브(요구사항)의 우선순위를 정하기 어렵고, 이 작업의 우선순위를 정하지 않고는 진전하기 어렵다는 점입니다. 이 장에서는 영향력을 측정하는 질적 및 양적 방법을 살펴봅니다.

영향력 측정

접근성 높은 제품을 구축할 때 어려운 점 중 하나는 우선순위를 정하는 것입니다. 어떤 의사 결정권자도 애플리케이션의 접근성을 원하지 않는다고 말할 수는 없습니다. 이는 옳은 일이며, 대부분의 사람들은 옳은 일을 하고 싶어 합니다. 문제는 어떤 옳은 일을 먼저 해야 하는지, 언제 해야 하는지, 어떤 비용을 지불해야 하는지 등 입니다. 기업은 항상 투자 수익률(ROI) 분석을 수행합니다.

디지털 소비자 제품은 수익률 도달 범위를 나타내기 위해 월간 활성 사용자 수(MAU) 및 일일 활성 사용자 수(DAU)와 같은 지표를 사용하여 결과를 측정하는 경우가 많습니다. 널리 사용되는 또 다른 지표는 사용자의 참여도이며, 이는 종종 소요 시간, 클릭 수, 세션 수와 같은 지표로 측정됩니다.

현재의 기술 환경에서 대부분의 제품 관리자와 비즈니스 이해관계자는 데이터 기반의 의사결정을 합니다. 즉, 데이터는 훌륭한 의사 결정 도구이지만 동시에 걸림돌이 될 수도 있습니다. 개별 기능의 영향을 정확하게 정량화할 수 있는 능력은 강력하지만 본

질적이고 상식적인 제품의 건전성을 희생해서는 안 됩니다. 단기적인 데이터 나침반과 함께 장기적이고 포괄적인 전략과 원칙에 입각한 접근 방식은 제품을 현상 유지 이상의 수준으로 끌어올릴 수 있습니다.

1장에서 언급했듯이, 영향력 = (도달한 사람 수 × 각 개인에게 미치는 영향) - (제외된 사람 수 × 각 개인에게 미치는 영향) 입니다.

접근성이 필요한 사용자는 제품의 전체 사용자 중 적은 비율을 차지할 수 있지만, 일반적으로 계속 개발이 필요한 미개척 시장에 미치는 영향은 종종 간과되는 요소입니다. 장애인의 경우 다음과 같은 이유로 사용자 수와 참여도를 측정하기 어렵습니다.

1. 개인정보 보호 및 데이터 수집의 한계

일부 지역에서는 개인정보 보호법이 장애 데이터의 수집이나 분석을 금지하고 있기 때문에 이러한 점유율 성장을 접근성 노력의 결과로만 돌리는 것은 불가능할 수 있습니다. 예를 들어, 영국의 경우 장애 데이터는 특수 범주[1]에 속하며 수집이 합법적인 것으로 간주되려면 특별한 동의 및 처리 요건을 충족해야 합니다.[2]

2. 딜레마(Catch-22). 우리가 대상으로 지정하지 않은 사람들의 참여도를 어떻게 측정할 수 있을까요?

애플리케이션을 의미 있게 사용하려면 먼저 사용자가 애플리케이션에 접근할 수 있어야 합니다. 접근 가능한 제품을 구축하는 데 먼저 투자하지 않으면 장애인의 참여 수준을 측정하기 어렵습니다.

---

[1]   https://ico.org.uk/for-orgainsations/guide-to-data-protection/guide-to-the-general-data -protection-regulation-gdpr/lawful-basis-for-processing/special-category-data/

[2]   https://ico-org.ul/for-organisations/ guide-to-data-protection/guide-to-the-general-data -protection-regulation-gdpr/lawful-basis-for-processing/special-category-data/

3. 데이터가 오해를 불러일으킬 때

위의 문제를 극복한 후에도 데이터를 올바르게 해석해야만 유용하게 측정할 수 있습니다. 한 예로 사용자가 단일 세션에서 애플리케이션을 사용한 시간을 들 수 있습니다. 이런 사용 시간은 종종 기업이 참여도를 측정하기 위해 추적하는 주요 지표입니다. 그러나 장애가 있는 사용자의 경우, 상대적으로 애플리케이션의 일부 기능에 과도한 시간을 소비하는 것은 접근이 불가능하거나 열악한 사용자 경험을 나타내는 위험 신호이므로 잘못된 참여 지표가 될 수 있습니다.

이미 이와 같은 접근성 차단을 경험했거나 이런 종류의 질문을 받았을 것입니다. 이제 이러한 장애물을 극복할 수 있는 방법으로 각 장애물을 다시 살펴봅시다.

• 질적 분석

위의 예는 데이터를 사용자 경험과 연결하지 않고 원칙적인 수치만으로 해석하면, 오해의 소지가 있을 수 있다는 것을 알려줍니다. 따라서 질적 사용자 연구는 양적 방법만으로는 유추할 수 없는 사용자 흐름에서의 기회와 병목 현상을 발견하는 데 유용합니다. 실제 이용 경험을 가진 사용자로부터 배우는 것은 제품이 사용자에게 어떻게 작동하는지 이해하는 가장 좋은 방법입니다.

이 섹션에서는 UX(사용자 경험) 리서치 부분에 중점을 두겠습니다. 사용성을 테스트하는 두 가지 주요 방법에는 실험실 연구(사용자가 몇 가지 주제에 대해 심층 인터뷰를 진행하는 방법)와 원격 무인 연구(사용자가 자연스러운 환경에서 자신의 디바이스로 작업을 완료하도록 요청하고 사용자의 행동이 기록되는 방법)가 있습니다.

저는 Yahoo에서 근무하는 동안 다양한 보조기술 장비를 갖춘 사내 최첨단 접근성 실험실의 활용을 통해 개선점을 도출하는 결과를 직접 목격했습니다. 이 연구실의 주요 용도는 UX 연구원이 장애인과 함께 사용성 연구를 수행하는 것이었습니다. 접근성 책임자는 직책에 관계없이 회사에 채용된 모든 사람이 첫번째 주간에 이 연구소를 거치도록 하는 훌륭한 내부 정책을 이끌었습니다. 모든 직원은 접근성이 회사 문화의 핵심 부분이며 보조기술 사용자를 탐색하고 공감할 수 있는 전용 공간이 있다는 것을 알고 있습니다. 개발자, 제품 관리자, 디자이너가 이 공간을 자주 이용했습니다.

소규모 회사에서는 전용 연구소를 설립하고, 보조기술 연구의 미묘한 차이를 이해하는 전문 연구원을 고용하고, 관련 접근성 전문 지식이나 정보 리소스를 획득하는 것이 부족할 수 있습니다. 이러한 문제를 해결하기 위해 원격 인터뷰를 포함하여 장애인을 위한 사용자 인터뷰를 전문으로 하는 Fable[3]과 같은 회사가 있습니다. 영국[4]과 호주[5]와 같은 일부 국가에서는 정부가 운영하는 공감 연구소를 일반인이 이용할 수 있습니다. 또한 사무실에 임시 실험실을 만들어주는 몇몇 상업적 서비스도 있습니다.

회사나 팀이 이와 같은 투자가 불가능한 경우, 차선책으로 할 수 있는 질적 연구 유형은 사용자의 입장이 되어 보는 것입니다. 예를 들어 접근성 설정 메뉴에서 자신의 디바이스 설정을 임시로 변경해 보는 것도 좋은 방법입니다.

- 텍스트 확대
- 색상 반전
- 보조 터치
- 키보드 탐색(마우스를 사용하지 않고 이동 및 탐색)
- 스크린리더(Apple 디바이스의 VoiceOver, 안드로이드 디바이스의 TalkBack)

재미있는 사실은, 접근성 메뉴에 있던 여러 가지 설정이 이제 일반 디스플레이 설정(예: 글꼴 크기, 확대, 색상 반전)의 일부가 됨으로써 접근성 기능이 모든 사람에게 도움

---

3   https://makeitfable.com/

4   https://gds.blog.gov.uk/2018/06/20/creationg-the-uk-governments-accessibility-empa
     thy-lab/

5   www.nsw.gov.au/onecx/blog/empathy-lab-an-experience-enhances-accessibility-and-i
     nclusive-design

이 된다는 주장을 입증하고 있다는 것입니다.

• 양적 측정과 질적 측정 사이: 추정 및 프록시 지표

보조기술을 사용하는 사람들을 위해 개발된 기능의 사용자 도달 범위를 측정할 수 없는 경우에도 정량적인 추측을 할 수 있습니다.

실질적인 데이터를 통한 인사이트를 얻기 위해 이미 보유하고 있는 오디언스에 대한 데이터와 함께 WHO(전 세계 데이터의 경우), CDC(미국 질병통제예방센터), 미국 시각장애인재단(AFB: American Foundation for the Blind)과 같은 기관에서 보고한 트렌드를 활용할 수 있습니다.

예를 들어, 미국의 모바일 애플리케이션에서 특정 사용자 흐름[6]에 대해 스크린리더를 활용한 기능 액세스 정도를 중요성으로 선정하고, 이를 우선순위로 한다고 가정해 보겠습니다.

> 1단계: 미국 질병통제예방센터[7]의 보고서는 안과 질환을 유형과 연령대별로 분류합니다. 이를 통해 스크린리더를 활용하여 제품을 사용하는 시각장애인의 연령 분포를 파악할 수 있습니다.
> 2단계: Statistica 보고서[8]를 활용하여 해당 연령대 내 스마트폰 사용자 수에 대한 정보를 얻습니다. 이를 이전 단계의 정보와 결합하면 잠재적 사용자 도달 범위를 대략적으로 추정할 수 있습니다.

---

6   사용자 흐름은 웹사이트나 앱에서 사용자가 작업을 완료하기 위해 이동하는 경로입니다. 이는 또한 시작점에서부터 일련의 단계를 거쳐 성공적인 결과와 제품 구매와 같은 최종 행동에 이르는 과정을 안내합니다. (www.optimizely.com/optimization-glossary/)

7   www.cdc.gov/visionhealth/risk/burden.htm

8   www.statista.com/statistics/489255/percentage-of-us-smartphone-owners-by-age-group/

3단계: 특정 제품 영역의 경우, 제품에 관심이 있는 사용자의 특성과 참여 수준을 요약한 업계 보고서 또는 잠재 고객으로부터 수집한 데이터가 있을 것입니다. 이를 통해 도달 가능한 사용자 범위가 전체 소비자 시장을 얼마나 대표하는지 알 수 있습니다.

4단계: 이제 이 두 데이터 세트를 상호 참조하여 스크린리더 지원에 대한 투자를 통해 신규 사용자 수와 기존 사용자의 참여도에 미치는 잠재적 영향을 추정할 수 있습니다.

위에서는 연령을 중심으로 살펴보았습니다. 한편 성별, 지역, 플랫폼(웹 브라우저, 운영 체제 등), 관심사, 기타 소비자 집단과 같은 다른 매개변수에 대해서도 동일한 분석이 가능합니다.

• **정량적 분석**

다양한 유형의 장애를 가진 사용자의 총체적인 코호트(번역자 주: 공통적인 특성을 가진 사람들의 집단)를 구축하는 데 도움이 되는 데이터를 수집할 수 있게 되면 다음 단계를 수행할 수 있습니다.

(1) 사용자가 애플리케이션의 세션을 처음 실행할 때 기기에서 활성화한 보조기술의 유형을 기록합니다. 이를 플랫폼마다 접근성 설정 또는 서비스라고 하며, 일반적으로 운영 체제 수준에서 이러한 설정을 가져오는 데 사용할 수 있는 API가 있습니다. API(Application Programming Interface)는 기본적으로 두 소프트웨어가 데이터를 공유하는 방식입니다.

이 방법에서 주의할 점은 접근성 설정과 장애유형이 항상 일대일 매핑되는 것은 아니라는 점입니다. 예를 들어, 안드로이드 개발자를 위한 접근성 서비스 문서를 보면 확대 또는 색상 반전과 같은 몇몇 설정이 활성화되어 있는지 여부를 추출할 수 있습니다.[9]

그러나 이들 설정은 탭 및 스와이프와 같은 다른 보조기술 사용 여부를 알 수 없으며[10] 다소 관련 없는 선택 목록에 묻혀 있습니다. iOS 설명서[11]는 더 이해하기 쉽지만 동일한 사용자가 특정 장애를 가지고 있는지, 여러 장애를 가지고 있는지, 아니면 단순히 선호 사항만 가지고 있는지 등을 매번 알 수 없다는 한계가 있습니다.

예를 들어 확대 설정은 저시력, 소근육 운동능력 부족, 인지장애 등 다양한 조건의 사람들이 사용할 수 있습니다.

> (2) 전환율, 참여도 그리고 가장 중요한 작업 효율성, 즉 사용자가 주어진 작업을 완료하는 데 걸리는 시간을 파악하기 위해 주요 사용자 흐름(모든 사용자 흐름은 아니지만)에 대한 클릭, 스크롤, 핀치로 확대/축소 등의 상호 작용 데이터를 기록합니다. 이러한 상호 작용은 일반적으로 제품별 모든 사용자 대상으로 추적 가능합니다. 작업 효율성은 체류 시간을 참여도와 지연 시간으로 세분화하는 데 도움이 되는 지표입니다.

여기서 주목할 점은 보조기술과 관련된 데이터는 많은 지역에서 수집 제한되어 있으며, 이는 민감한 개인 데이터로 간주될 수 있으므로 매우 신중하게 다루어야 한다는 것입니다. 이러한 데이터를 대규모로 사용하여 전체 사용 여정에서 인사이트를 추출하는 것은 제품 개발팀이 장애가 있는 고객에게 서비스를 제공하는 데 도움이 되는 강력한 도구가 될 수 있지만, 잘못 취급하거나 의도치 않게 제3자와 공유하면 사용자 신뢰 측면과 법적 측면 모두에서 위험한 상황에 처할 수 있습니다. 따라서 사용자를 더 잘 이해하고 서비스를 제공하기 위해 이러한 종류의 데이터를 활용하려면, 적절한 보안 조

---

9   https://developer.android.com/reference/android/accessibilityservice/AccessibilityService

10   예를 들어 사용자가 4번째 손가락으로 오른쪽을 스와이프 했음을 나타내는 GESTURE_4_FINGER_SWIPE_RIGHT

11   https://developer.apple.com/documentation/uikit/uiaccessiblity

치를 취한 상태에서 데이터를 처리, 저장 및 공유해야 합니다.

• 부정적인 영향

앞선 방법에서는 최상위 지표인 사용자 도달 범위와 참여도 증가를 통해 포용적인 제품을 구축하기 위한 영향 측정 방법에 대해 설명했습니다. 영향력을 측정하는 또 다른 방법으로, 포용성을 우선시하지 않을 경우 기업의 브랜드 가치가 어떻게 훼손되고 법적 위험에 노출되는지 관찰하는 것입니다. 앞서 살펴본 바와 같이, 미국 장애 복지법과 같은 법률은 서비스 제공업체가 접근 가능한 제품을 개발하도록 요구하고 있으며, 이를 위반할 경우 심각한 결과를 초래하는 경우가 많습니다. 또한 검사(audit), 이슈 발생 후 오류 수정 및 보고에 대한 오버헤드(여러 단계의 처리를 다시 진행하기 위해 들어가는 처리 시간 및 비용)도 살펴볼 수 있습니다.

접근성 없는 제품 개발의 벤치마킹을 해 보면, 연방법에 따라 첫 번째 위반 시 최대 75,000달러, 추가 ADA 위반 시 150,000달러의 벌금이 부과될 수 있습니다. 주 정부 및 지방 정부는 추가 벌금을 부과할 수 있으며, ADA에서 요구하는 것보다 더 높은 접근성 표준을 충족하도록 비즈니스 개선 요구할 수 있습니다.[12]

오류 발생에 따른 이미지 추락이나 법적 위험을 피하기 위해 접근성에 투자하는 것이 단순히 규정 준수에 한정된 단기적인 수정으로만 편향될 수 있다는 점에 유의해야 합니다. 안타깝게도 이러한 근시안적 사고는 매우 흔하며, 근본적인 문제를 해결하는 것보다 더 많은 작업이 필요하게 되는 경우가 많습니다.

가능한 한 빨리 규정 준수에 도달하기 위해 검사를 아웃소싱 하고 오류를 수정하는 기업을 볼 수 있습니다. 이런 처리를 통해 규정 요건은 충족할 수 있지만 훌륭한 사용자 경험은 제공하지 못하며, 이는 차선책의 임시방편 솔루션으로 이어집니다. 더 나쁜 것은 즉시 '작동'하고 즉각적인 규정 준수를 제공한다고 약속하는 접근성 오버레이

---

12   www.ada.gov/civil_penalties_2014.htm

(Overlay, 덧씌우기)입니다. 4장에서 다루겠지만, 접근성을 올바르게 구현하려면 전체 제품 수명 주기 기반의 360도 솔루션이 필요합니다. 몇몇 접근성 솔루션은 자동화된 도구이지만, 문제를 해결하기는커녕 오히려 대부분의 문제를 감지조차 할 수 없는 상태로 악화시킵니다. 또한 모바일에서 작동되지 않게 하여 제품 경험을 악화시킬 수도 있습니다.[13]

이러한 오버레이를 통한 빠른 해결의 더 심각한 문제는, 일반적으로 팀이 처음부터 접근성을 전체 수명 주기로 고려했을 때보다 훨씬 더 많은 시간을 문제에 할당하고, 논의하고, 수정하는 데 소비한다는 것입니다. 이러한 회피적 접근 방식의 몇 가지 주요 부작용은 다음과 같습니다.

(1) 최종 사용자가 문제를 더 오래 경험하게 되어 참여도가 떨어집니다.

(2) 오류의 수명이 길어짐에 따라 법적 및 홍보 리스크가 증가합니다.

(3) 검사(audit)에서 얻은 학습이 시스템에 피드백 되지 않고 로컬에 머물러 있어 자주 발생하는 문제를 전체적으로 종합적으로 해결하지 못합니다.

(4) 접근성은 다른 사람의 책임으로 인지되어 팀은 주인의식을 잃고, 자신이 만든 오류로부터 배울 기회를 놓쳐 향후 수정을 필요로 하는 오류를 더 많이 만들게 됩니다.

(5) 검사, 보고, 커뮤니케이션 및 배포(특히 모바일 제품의 경우)의 오버헤드는 특히 규모가 크고 분산된 개발팀에서 상당히 커집니다. 처음부터 접근성을 고려하여 개발할 때와 후처리 오버헤드의 상호 장단점을 추정하는 예제는 이 장의 마지막에 있는 참고 사항을 참조하십시오.

(6) 고객이 제품에 액세스할 수 없기 때문에 발생하는 기회비용 손실이 발생합니다. 보조기술의 사용 데이터와 사용자 여정에서의 이탈 데이터를 비교 해

---

13   www.nytimes.com/2022/07/13/technology/ai-web-accessibility.html

독할 수 있게 되면 이 수치를 더 정확하게 추정할 수 있으며, 아래는 대략적인 기회비용을 계산하는 방법입니다.

X = 해당 지역의 월간 활성 사용자 수/지역 내 총 인구 수

Y = 기존 문제와 관련된 장애인 수

V = 사용자당 평생 가치

기회비용 = Y×X× LTV

사용자당 평생 가치는 제품에 따라 달라질 수 있습니다. 아직 개발되지 않은 시장에서 평생 가치의 상한선을 추정하는 데 도움이 되는 지표 하나는 가처분 소득, 즉 소비 능력입니다.

미국에서 근로 연령 장애인의 총 세후 가처분 소득은 약 4,900억 달러로, 아프리카계 미국인(5,010억 달러) 및 히스패닉(5,820억 달러)과 같은 다른 주요 시장 부문과 비슷한 수준입니다.[14]

2017년 영국에서 '퍼플 파운드'의 가치, 즉 장애인의 소비력은 약 2,490억 파운드(3,000억 달러 이상)로 추산되었습니다.[15] 2021년 보고서[16]에 따르면 장애인의 가처분 소득(주택, 음식, 의류 등 기본 필수품에 대한 세후 소득)은 거의 5조 달러에 달하는 것으로 추산됩니다.

• **추가 혜택**

기업의 제품 포트폴리오에서 포용적인 문화가 일관되게 드러나도록 조성하는 것은

---

14   www.air.org/resource/report/hidden-market-purchasing-power-working-age-adults-disablities

15   www.bbc.com/news/av/business-39040760

16   https://iel.org/purchasing-power-people-disabilities

장기적인 브랜드 호감도 및 인재 채용에도 도움이 됩니다.

개인적으로 Yahoo Finance에서 근무하던 시절, 우리 팀이 모바일 엔지니어를 채용할 때 접근성에 중점을 둔다는 점을 지원 이유로 명시한 지원자가 있었습니다. 이런 지원자들에게 접근성은 포용적인 환경을 나타내는 강력한 지표였습니다. 이들은 제품의 사용자 경험을 중시하는 팀이 새로운 아이디어와 다양한 의견에 개방적일 가능성이 높다는 것으로 판단하고 있었습니다.

고객과 기타 이해관계자도 마찬가지입니다. 4명 중 1명이 장애를 가지고 있다는 통계를 바탕으로 많은 사람이 장애를 가진 친구나 가족과 경험을 공유한다는 것을 알 수 있습니다. 우리가 사랑하는 사람들을 위한 제품이라면 해당 브랜드에 대한 친밀감이 높아지게 되는 것은 자명합니다. 한 가지 예로, 수상 경력에 빛나는 Mars의 'look on the light side' 캠페인[17]은 브랜드 호감도를 20% 높였습니다.

이미 시장에 있는 제품은 어떻습니까?

제품이 출시될 때 접근성을 고려하는 것이 가장 이상적이지만, 제품 개발팀이 접근성을 고려하지 않았다는 사실을 깨달았을 때는 이미 대부분의 제품이 사용자의 손에 들어간 상태입니다. 따라서 사용자가 불만을 제기하거나 소셜 미디어에 오류를 신고한 후에 인지하는 경우가 많습니다. 이 시점에서 기업은 일반적으로 접근성 전문 해결을 위한 내부 인원/리소스를 할당하거나 해당 기능을 타사에 아웃소싱하려 합니다.

---

17 https://www.smartcitieslibrary.com/the-importance-of-being-a-disability-inclusive-brand
    -ogilvy-com/

회사의 규모와 가용 리소스에 따라 두 가지 방법 중 하나를 선택할 수 있습니다. 단기적인 대응은 대부분의 기술 전문가에게 접근성이 생소한 영역이므로, 접근성을 식별하고 우선순위를 정하며 구체적인 지침을 제공할 수 있는 주제별 전문가에게 의존하는 것입니다. 하지만 장기적인 대응을 위하여 제품 개발팀이 직접 접근성 작업을 수행하는 방법을 배움으로써 시간과 비용을 절약하고, 접근성 준수를 통해 시장점유율 성장과 제품 차별화를 위한 수단으로 바라보는 것이 필요합니다.

따라서 4장에서는 이 두 가지 전략을 구현하는 방법을 살펴봅니다.

(1) 기존 문제 해결
(2) 다음을 위한 지속 가능한 접근성 전략 개발
　　a. 퇴보 방지
　　b. 처음부터 포용성을 고려한 제품 만들기

해결 방안을 살펴보기에 앞서 사용자 집단에 따라 기능적 요구가 어떻게 달라지는지를 살펴보겠습니다.

접근성 검사 오버헤드의 정량화를 위한 참고 사항

(1) 검사는 단일 프로젝트(예: 단일 웹사이트, 안드로이드 앱, iOS 앱)에 대해 2만~5만 달러 수준의 비용이 들 수 있으며, 수행하는 데 몇 주가 소요될 수 있습니다. 대부분의 우수한 기술 기업은 이 정도의 기간 동안 여러 버전의 제품을 출시합니다. 검사를 기다린다는 것은 출시 시간 및 주기가 늦어지거나 검사의 반복으로 인한 이전 검사 결과를 무의미하게 만들고 비용을 낭비하는

것을 의미합니다.

(2) 검사에서 20개 항목를 점검하고 각 항목별 문제를 해결하는 데 평균 2시간 (보수적으로 추정)이 필요하다고 가정해 봅시다.

    a. 분류할 제품 관리자 또는 주제별 전문가

    b. 팀에 할당할 프로젝트 관리자

    c. 재설계할 디자이너

    d. 수정할 엔지니어

    e. 검증할 QA

공개적으로 사용 가능한 웹 개발자의 급여[18]를 기준으로 시간당 50달러를 보수적으로 추정할 때, 20개의 이슈를 처리하는 데 드는 비용은 다음과 같습니다.

20개 이슈 × 이슈당 2시간 × 시간당 50달러 × 5명 = 10,000달러

여기에 검사 비용을 더하면 약 20,000달러~50,000달러의 비용이 발생합니다. 세 가지 플랫폼(웹, iOS, 안드로이드)을 기준으로 하면 상한선은 150,000달러입니다. 분기마다 한 번씩 검사를 받는다고 가정해도 약 60만 달러가 추가됩니다.

600,000달러/년

또는 전체 워크플로우의 일부로 접근성 포용 처리를 추가하는 데 이러한 사람들의 시간이 20% 더 소요된다고 가정해 보겠습니다(경험적으로 약 5~10%). 대략적인 추정치는 다음과 같습니다.

0.2 × 100,000(시간당 50달러 기준) × 5 = 100,000달러/년

---

18   www.ziprecruiter.com/Salaries/Software-Engineer-Salary-per-Hour

● 요약

- 개인정보 보호 및 데이터 수집의 한계, 과거에 우선순위를 정하지 않아 사용할 수 없는 데이터, 수집된 데이터의 해석 오류 등으로 인해 기존 지표로는 장애인의 사용자 수와 참여 수준을 측정하기 어렵습니다.

- 질적 사용자 연구는 양적 방법만으로는 추론할 수 없는 사용자 흐름의 기회와 병목 현상을 발견합니다. 실제 사용자 경험을 통해 배우는 것은 제품이 사용자에게 어떻게 작동하는지 이해하는 가장 좋은 방법입니다.

- 사용성을 테스트하는 두 가지 주요 방법으로는, 몇 가지 주제에 대해 심층 인터뷰를 진행하는 실험실 연구와 사용자가 자연스러운 환경에서 자신의 디바이스로 작업을 완료하도록 요청하고 사용자의 행동이 기록되는 원격 무인 연구가 있습니다.

- 차선책으로 할 수 있는 질적 연구 유형은 스크린리더, 반전된 색상 또는 확대된 텍스트와 같은 접근성 설정을 일시적으로 활성화하여 사용자의 입장이 되어 보는 것입니다.

- 양적인 추측을 하기 위해 이미 보유하고 있는 사용자에 대한 데이터와 미국 질병통제예방센터 및 미국 시각장애인재단과 같은 기관에서 보고한 동향을 활용할 수 있습니다.

- 아웃소싱 검사와 같은 빠른 해결법의 문제점은, 접근성을 처음부터 전체 제품 수명 주기의 일부로 고려했을 때보다 팀이 문제를 할당하고, 논의하고, 해결하는 데 훨씬 더 많은 시간을 소비한다는 것입니다.

- 회사의 제품을 통해 느껴지는 포용적인 분위기를 확실하게 조성하는 것은 장기적인 브랜드 호감도 및 채용에도 도움이 될 수 있습니다.

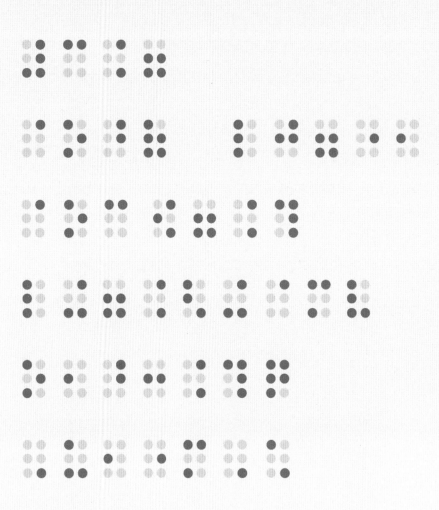

제3장

기본 사항:
기능적
사용자 요구와
일반적인 솔루션

1장에서는 우선순위를 정한 후 가장 큰 어려움으로 사업팀의 접근성 및 보조기술에 대한 경험 부족을 간략하게 설명했습니다.

이 장에서는 다양한 장애유형별 모바일 및 웹 인터페이스에 적용되는 사용자 요구의 구체적인 예를 살펴봅니다. 또한 각각의 사례에서 이러한 요구사항을 고려함으로써 가능한 성장 기회도 발견할 수 있습니다.

장애유형별 사용자 요구사항과 보조기술의 예시

이 섹션에서는 웹 콘텐츠 접근성 지침(WCAG) 레벨 A 및 AA에 대략적으로 매핑되는 사용자 요구사항의 구체적인 예를 살펴봅니다. 1장에서 WCAG에 대해 간략하게 다루었습니다. WCAG는 계속 진화하는 포괄적인 가이드라인으로, w3c.org를 참조할 수 있습니다. 여기서는 WCAG의 각 지침을 다루지 않겠습니다. 대신 다양한 유형의 장애와 각 장애에 대한 기본적인 사용자 요구사항을 고려하는 방법에 대해 논의하겠습니다. 장애유형별로 세분화된 사용자 요구사항을 기본적으로 이해하면 중복 장애가 있는 사람 등 더 복잡한 사용자 요구사항을 처리하는 데 훨씬 더 유리할 것입니다.

시각장애인

시각장애에는 실명, 부분 시력 상실, 색맹, 빛에 대한 민감성 등이 포함됩니다. 미국에서만 40세 이상의 1,200만 명이 시각적으로 불편을 겪고 있으며, 그 중 100만 명이 실명한 상태입니다.[1] 또한 더 크거나 작은 텍스트를 읽거나 고대비 모드 또는 다크 모드와 같은 대체 색상 테마를 사용하거나 음성 명령을 사용하는 것을 선호하는 수백만 명의 사람들이 있습니다.

완전실명 또는 부분 시각장애인이 사용하는 가장 일반적인 보조기술 유형은 스크린리더입니다. 스크린리더는 디지털 기기의 콘텐츠를 음성 또는 점자로 출력합니다. 최초의 스크린리더는 1986년 IBM에서 개발되었습니다.[2] 오늘날 대부분의 장치에는 무료 스크린리더가 사전 설치되어 있습니다. 가장 많이 사용되는 스크린리더로는 NVDA,[3] JAWS,[4] VoiceOver(Apple 제품), TalkBack(안드로이드 제품)이 있습니다.

남성의 약 8%와 여성의 0.5%가 적색 또는 녹색을 인식하기 어려운 '적녹색' 색각결핍[5]이라는 질환을 앓고 있습니다. 색맹 또는 빛에 민감한 사람들에게는 어두운 모드, 밝기 또는 색상 반전과 같은 설정이 필요하며, 이는 다른 형태의 보조기술입니다.

다음은 시각장애인들이 제품을 이용하기 위한 몇 가지 기본 지침입니다.

● 대체 텍스트

텍스트가 아닌 모든 콘텐츠, 이미지 및 실행 가능한 구성요소에는 장식용이 아니라면 설명이 포함된 대체 텍스트가 추가됩니다. 스크린리더는 사용자가 구성요소에 초점을 맞추면 웹사이트 또는 애플리케이션에서 제공하는 대체 텍스트 레이블을 사용하여 사용자에게 읽어줍니다. 다음은 웹사이트(그림 3-1), 안드로이드(그림 3-2) 및 iOS (그림 3-3)에서의 모습과 각 코드 샘플입니다.

1   cdc.gov/visionhealth/basics/ced/fastfacts/htm
2   https://knowbility.org/blog/2021/a-brief-history-of-screen-readers
3   www.nvaccess.org/about-nvda/
4   www.freedomscientific.com/products/software/jaws
5   www.nhs.uk/conditions/colour-vision-deficiency/

그림 3-1. 현재 초점이 맞춰진 이미지가 있는 웹 페이지

웹:

<img src="bedroom.png" alt="침대, 테이블, 두 개의 창문이 있는 외딴 오두막의 침실">

그림 3-2. 초점이 맞춰진 이미지 카드가 있는 안드로이드 앱 화면

안드로이드:

```
<ImageView

android:id="$+id/detaill" />

android:contentDescription="침대, 테이블, 두 개의 창문이 있는 외딴
오두막의 침실" />
```

혹은

```
<ImageView

android:id="@+id/detaili" />

android:contentDescriptions="침대, 테이블, 두 개의 창문이 있는 외딴
오두막의 침실" />
```

그림 3-3. 초점이 맞춰진 이미지 카드가 있는 iOS 앱 화면

iOS:

```
extension RecipeCell {

func applyAccessibility(_ recipe: Recipe) {

foodImageView.accessibilityTraits = .image

foodImageView.accessibilityLabel = "침대, 테이블, 두 개의 창문이
있는 외딴 오두막의 침실"
```

혹은

```
extension RecipeCell {
```

```
func applyAccessibility(_ recipe: Recipe) {
foodImageView.accessibilityTraits = .image
foodImageView.accessibilityLabel = "침대, 테이블, 두 개의 창문이
있는 외딴 오두막의 침실"
```

Note 앞의 세 가지 코드 샘플에서는 모두 한글 설명을 사용했습니다. 전 세계 사용자에게 서비스를 제공하는 애플리케이션에서는 한글 텍스트를 사용자의 위치 및 언어 기본 설정에 따라 로컬라이제이션된 텍스트를 변경(할당)하는 변수로 대체할 수 있습니다.

레이블을 추가하는 것만으로 접근 가능한 경험을 제공하였다고 하기에는 부족합니다. 레이블은 구성요소가 무엇인지, 특정 상태에 있는지(해당 요소가 애플리케이션의 상태를 나타내는 경우), 사용자가 수행할 수 있는 작업(해당되는 경우)을 설명해야 합니다. 예를 들어, 체크박스나 토글 컴포넌트가 선택되거나 선택 해제된 경우, 설명과 함께 상태를 읽을 수 있어야 합니다. 오디오 컴포넌트의 볼륨 슬라이더 경우는, 사용자가 오디오 전체 시간 중 현재 어느 위치에 있는지에 대한 백분율 또는 값을 설명과 함께 읽어야 합니다.

사용자 생성 콘텐츠는 어떻게 되나요?

앞선 예제에서는 모든 콘텐츠를 애플리케이션 제작자가 제공합니다. 소셜 미디어 플랫폼과 같이 사용자가 생성한 콘텐츠인 경우 두 가지 옵션이 있습니다. 다음 쪽에서 사용자 생성 콘텐츠 옵션들을 살펴보겠습니다.

(1) 업로드 단계 또는 그 이후에 사용자가 대체 텍스트를 추가하도록 유도하는
    방법

트위터가 이에 대한 좋은 예입니다. 그림 3-4에서 볼 수 있듯이,[6] 2020년 현재 트위
터 플랫폼에는 이미지가 포함된 트윗을 게시할 때 업로드 하는 제작자가 라벨을 추가
할 수 있는 '+Alt' 버튼이 항상 표시되어 있습니다.

그림 3-4. 트위터에 이미지를 업로드할 때 +Alt 버튼이 표시되는 트윗 이미지

---

6   https://twitter.com/TwitterAlly/status/1265689579371323392?s=20

(2) 이미지 자동인식을 사용하여 시각적 리소스에 대한 캡션/대체 텍스트 생성
　　하기(그림 3-5).

그림 3-5. 현재 초점이 맞춰진 이미지 카드가 있는 안드로이드 앱 화면

● 이미지 처리 및 머신 러닝의 실제 적용

　　이미지가 애플리케이션에 포함된 경우 대체 텍스트 추가하는 것은 매우 간단합니
다. 페이스북이나 인스타그램과 같이 사용자가 직접 생성한 콘텐츠인 경우, 자동인식
알고리즘을 사용하여 대체 텍스트를 추가하거나 사용자가 업로드한 캡션에 대한 대체
텍스트(또는 추가적 향상) 등으로 레이블을 제공할 수 있습니다.

2016년에 페이스북(현재 Meta)은 시각장애인을 위해 신경망을 사용하여 이미지에서 얼굴과 사물을 인식하는 기능을 출시했습니다. 2017년에는 얼굴 인식을 통해 사진 속 인물에 자동으로 태그를 지정하는 기능을 모든 사용자가 사용할 수 있도록 출시했습니다. 이 기술은 사람, 사물, 장면, 행동, 관심 장소를 감지합니다.

또한 이미지나 동영상에서 불쾌감을 주는 콘텐츠 조각이 포함되었는지의 여부를 감지할 수 있습니다.[7] 플랫폼에 2,500억 장이 넘는 사진이 있으므로[8] 이 기능을 활용하여 서비스에 적절한 이미지와 동영상을 제공하는 것과 더불어 검색, 콘텐츠 조정, 광고 개인화 등 다양한 분야에 적용되어 시각장애인에게 더욱 풍부하고 강력한 경험을 제공할 수 있을 것으로 예상됩니다.

◑ 의미 있는 순서, 그룹화 및 계층 구조

스크린리더는 제목, 링크, 단락 및 기타 구조적 속성을 기준으로 탐색할 수 있습니다. 이러한 요소가 정상적으로 작동하려면 속성 기준들을 프로그래밍 방식으로 식별할 수 있어야 하며 콘텐츠의 제작 의도와 일치하는 읽기 순서가 있어야 합니다.

다음 예시(그림 3-6)에서 소파에 대한 이미지 설명을 읽은 다음 제목과 가격을 읽으면 혼란스럽고 반복적일 수 있습니다. 시각적으로는 이미지 다음에 제목이 표시되지만 사용자에게는 제목이 가장 먼저 읽혀야 합니다. 더 나은 경험을 제공하려면 제목, 이미지 설명, 가격을 함께 그룹화하여 사용자가 정보를 얻기 위해 세 가지 개별 항목에 집중할 필요가 없도록 해야 합니다.

---

7   https://engineering.fb.com/2016/04/04/ios/under-the-hood-building-accessibility-tools
     -for-the-visually-impaired-on-facebook/

8   https://www.brandwatch.com/blog/facebook-statistics/

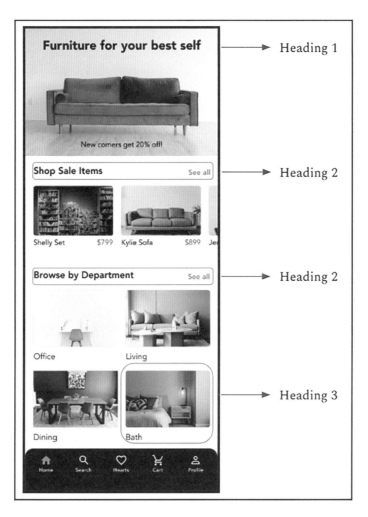

그림 3-6. 판매 품목과 부서가 하위 카테고리로 표시된 가구 이미지가 있는 모바일 앱 화면

계층 구조 측면에서 보면 페이지 제목이 가장 먼저 표시되고, '세일 품목 쇼핑' 및 '주제별 찾아보기' 섹션 제목이 그 다음에 표시되며, '사무실', '거실', '식당', '욕실' 등의 주제 카드와 세일 탭 아래의 개별 품목이 마지막으로 표시됩니다.

페이지 자체에도 설명이 포함된 제목을 부여하는데, 이는 시각장애인이 페이지 헤더를 보고 페이지에 더 많은 시간을 할애할지 결정할 때와 같은 역할을 합니다. 같은 이유로, 특히 사용자가 애플리케이션을 처음 방문했을 때, 페이지 제목에 포함해야 하는 또 다른 중요한 세부 사항은 페이지의 사용 언어입니다. 웹 페이지에 간단한 다음의 코드를 추가하면 됩니다.

```html
<html lang="ko-KR">
<head>
<title>페이지 타이틀</title>
</head>
```

iOS 앱의 경우 뷰 컨트롤러의 함수에 아래 줄을 추가합니다.

```swift
override func viewDidLoad() {
super.viewDidLoad()
self.title = "페이지 타이틀"
}
```

안드로이드 앱에서는 사용하는 XML 파일이나 코드에 아래 줄을 추가합니다.

```java
getActivity().setTitle("페이지 타이틀");
```

아직 확신이 없으신가요? 걱정하지 마세요. 검색 엔진은 텍스트, 제목, 하위 제목, 대체 텍스트, 페이지 구조[9]를 사용하여 검색 순위를 결정합니다. 사이트가 의미 있는 계층 구조와 제목을 고려하지 않는다면 많은 방문자가 이탈하게 됩니다.

---

9   https://www.searchenginejpurnal.com/on-page-sep/header-tags/

● 동적 크기 조정

사용자는 텍스트 및 이미지와 같은 기타 구성요소의 크기를 조정할 수 있습니다. 텍스트 크기 조정에 대한 WCAG 지침에 따라 보조기술을 사용하지 않고도 크기를 최대 200%까지 늘릴 수 있습니다. 이 가이드라인은 떨림과 같은 운동장애가 있어 작은 타깃 영역을 안정적으로 누르는 데 어려움을 겪는 사람들에게도 도움이 됩니다.

뷰포트가 가로와 세로 양방향으로 크기를 제한하여 콘텐츠가 한 방향으로 넘쳐나지 않도록 하면, 대부분의 동적 크기 조정 문제를 해결할 수 있습니다. 콘텐츠의 흐름을 세로 또는 가로 스크롤(리플로우라고도 함)[10]로 제한하면 (확대된 텍스트가 필요한) 시각장애인과 운동장애인들도 콘텐츠를 쉽게 추적하고 쉽게 읽을 수 있습니다.

다음 쪽에 있는 그림 3-7과 3-8에는 사용자가 글꼴 크기와 배율을 늘릴 때 앱에서 발생할 수 있는 두 가지 잠재적 문제를 보여줍니다. 기기가 모든 텍스트를 가져와 확대할 수 있지만 주변 UI 요소가 이러한 변화에 적응하지 못하면, 그림 3-7과 같이 해독할 수 없는 상황이 발생할 수 있습니다.

---

10   https://www.w3.org/WAI/WCAG21/Understanding/reflow.html

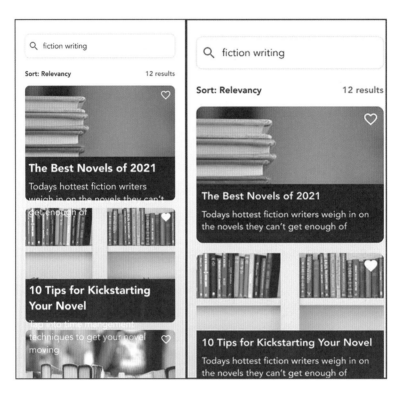

그림 3-7. 두 개의 모바일 앱 화면.
왼쪽은 텍스트 크기가 큰 화면으로, 이미지가 텍스트에 맞게 조정되지 않아 요소가 겹쳐서 읽을 수 없습니다.
오른쪽 화면은 나머지 콘텐츠가 확대된 텍스트에 따라 크기가 조정됩니다.

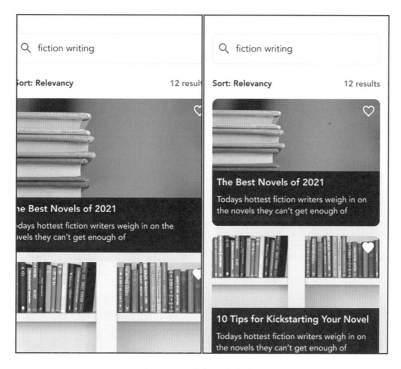

그림 3-8. 두 개의 모바일 앱 화면.
왼쪽은 작은 디바이스 화면으로, 콘텐츠가 세로로 확장되지 않고 가로로 잘립니다.
오른쪽은 대형 디바이스 화면으로 콘텐츠가 의도한 대로 표시됩니다.

◑ 색상만으로는 의미를 전달할 수 없음

콘텐츠 및 지시 내용이 색상을 통해 구분되는 경우 모양, 크기 또는 기타 시각적 수단으로만 전달되는 경우에는 이에 상응하는 텍스트 또는 다른 마커가 있어야 합니다.

예를 들어, Spotify 재생 목록에서 그림 3-9와 같이 셔플 버튼 아래의 점과 변경된 색상은 설정의 현재 상태를 나타냅니다.

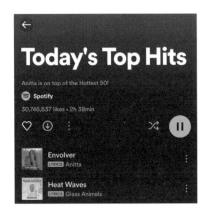

그림 3-9. 셔플 설정이 꺼진 상태와 켜진 상태의 Spotify 재생목록 페이지를 나란히 비교한 모습.
셔플 버튼은 켜져 있을 때 하단에 점과 함께 녹색으로 바뀝니다.

또 다른 예로 다음 쪽의 그림 3-10을 보면 적녹색맹(가장 흔한 색맹)이 있는 사용자는 어떤 주식이 플러스 또는 마이너스 움직임을 보였는지 구분할 수 없습니다. 그러나 그림 3-11에서는 플러스와 마이너스 문자만 추가하면 색상에 의존하지 않고도 주식의 상승 또는 하락 여부를 파악할 수 있습니다.

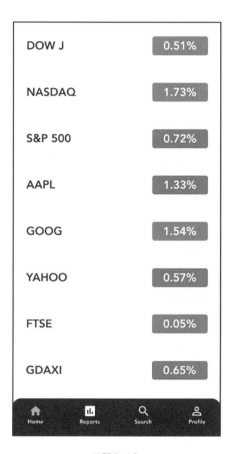

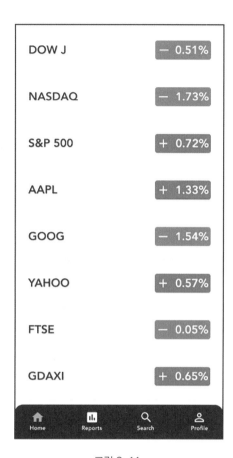

그림 3-10.
긍정적 움직임은 녹색 배경,
부정적 움직임은 빨간색 배경으로 표시된 금융
주식 목록

그림 3-11.
긍정적 움직임은 녹색 배경과 + 기호로, 부정적
움직임은 빨간색 배경과 − 기호로 표시되는 금융
주식 목록

문화에 따라 동일한 색상이 다른 의미를 가질 수 있다는 점도 유의해야 합니다. 예를 들어 빨간색은 중국 문화에서 긍정적인 의미를 가지며, 이는 중국의 Apple 주식 앱에서 주가 변동이 표시되는 방식에 반영되어 있습니다(그림 3-12).

그림 3-12. 중국 사용자에게 긍정적인 움직임은 빨간색 배경과 + 기호로,
부정적인 움직임은 녹색 배경과 − 기호로 표시되는 금융 주식 목록[11]

---

11   https://twitter.com?Va;zevul/status/1217412988149338117?s=20

또한 대부분의 모바일 디바이스에는 접근성 메뉴에 다크 모드 적용 및 앱이나 웹사이트의 코드에 지정된 모든 색상을 변환하는 색상 반전 등의 설정이 있습니다. 이미지와 비디오에서는 색상 반전을 미적용한 이미지(그림 3-13)와 적용한 이미지(그림 3-14)가 있습니다.

그림 3-13. 비디오가 색상 반전을 미적용한
모바일 화면

그림 3-14. 비디오가 색상 반전을 모두
적용한(반전된) 모바일 화면

● **콘텍스트(Context) 변경으로 이어지는 링크 및 기타 작업에는 명확한 설명이 필요**

사용자를 현재 페이지가 아닌 다른 페이지로 연결하거나 내용을 변경하는 링크 또는 구성요소에는 명확한 목적이 있어야 하며, 실수로 활성화된 경우 '뒤로 가기' 버튼과 같이 작업을 되돌릴 수 있는 방법이 있어야 합니다. 또한 링크는 밑줄이나 다른 마커를 사용하여 일반 텍스트와 시각적으로 구분할 수 있어야 하며, 일반적으로 사용되는 '자세히 보기' 또는 '여기' 등의 링크 텍스트보다는 링크의 내용을 설명하는 텍스트를 사용하여 실행 가능한 요소임을 명확히 해야 합니다. 그 이유는 스크린리더 사용자가 링크를 통해 탐색하는 동안, 문맥에 맞지 않게 읽히는 설명이나 설명이 없는 링크 등이 사용자에게 의미 혼동을 주기 때문입니다. 그림 3-15는 텍스트 블록 내의 링크의 예를 보여줍니다.

Related Resources

Resources are for information purposes only, no endorsement implied.

- <u>Styling form controls with CSS, revisited</u>

그림 3-15. 링크 텍스트에 밑줄이 그어져 있고 일반 텍스트와 다른 색상(파란색)으로 표시된 "CSS를 사용한 스타일링 양식 컨트롤, 다시 방문"에 대한 링크가 있는 텍스트 상자[12]

◗ 자동 재생 비디오 또는 오디오가 스크린리더를 방해해서는 안 됨

이 지침에서는 콘텐츠의 사운드가 스크린리더를 방해할 수 있으므로 콘텐츠가 3초 이상 재생되는 경우 무조건 자동 재생이 아닌 사용자 컨트롤을 제공해야 합니다.[13]

◗ 동기화된 비디오 콘텐츠에 오디오 설명이 있는 경우

영화 장면에서 소리가 들리지 않는 동안 움직임이나 상황 변화가 있는 경우, 시각장애인이 비시각장애인과 함께 이해할 수 있는 유일한 방법은 오디오 설명뿐입니다.

---

12   https://www.w3.org/WAI/WCAG21/Understanding/focus-visible.html

13   www.w3.org/TR/UNDERSTANDING-WCAG20/visual-audio-contrast-dis-audio.html

● 규정 준수 그 이상

영구 시각장애인을 위한 혜택 외에도, 위의 가이드라인을 통해 얻을 수 있는 몇 가지 다른 사례와 예제를 나열합니다.

동영상 길이에 관계없이, 볼륨을 기본값으로 설정하고 사운드를 켠 상태에서 파일 재생 여부의 선택지를 사용자에게 주면 모두에게 더 나은 경험을 제공할 수 있습니다. 전반적으로 자동 재생 동영상은 사람들이 접근성 가능을 이해하게 되면서 빠르게 사라지고 있습니다.

이는 접근성의 이해를 통해 비즈니스에 미치는 악영향을 깨닫고 있기 때문입니다.[14] 또한 자동 재생은 페이지 로딩 시간을 늘리고 인지 부하를 가중시키며 불필요한 데이터 사용량을 유발합니다.

애플리케이션이 음성 상호 작용과 음성 설명을 지원하면 운전 중에도 더 안전하고 편리하게 사용할 수 있습니다. 화면이 없는 홈 스피커와 같은 음성 비서를 사용할 때도 마찬가지입니다.

사람들은 장애와 관계없이 더 크거나 작은 텍스트 크기를 선호할 수 있습니다. 우리 모두는 휴대폰에서 텍스트 블록을 확대하거나 킨들[15] 기기의 글꼴 크기를 변경한 적이 있습니다. 어떤 사람들은 특히 모바일 기기에서 주어진 화면에 더 많은 콘텐츠를 넣기 위해 더 작은 텍스트 크기를 선호합니다.

또한 배율에 따른 동적 보기를 고려하면 기본값과 더불어 화면 공간에서 여러 사용자 언어를 제공하도록 확장할 수 있습니다.

또한 검색 엔진이 다른 메타데이터와 함께 대체 텍스트를 사용하여 검색 결과에서 이미지의 순위를 매기고 표시하기 때문에 이미지에 대한 설명과 동영상에 대한 오디오 설명은 콘텐츠의 검색 가능성을 높여줍니다.[16]

---

14 https://wistia.com/learn/marketing/against-autoplaying-homepage-videos
15 아마존이 취급하는 이북리더
16 https://developers.google.com/search/docs/advanced/guidelines/google-images

청각장애인

청각장애는 시각장애와 마찬가지로 완전한 청력 상실, 부분 청력 상실(한쪽 귀) 또는 부분적인 난청을 의미할 수 있습니다. 미국에서만 3억 1,700만 명[17] 이상의 사람들이 청각적 불편을 겪고 있으며, 청각장애가 있거나 심각한 청각 제한을 가진 사람은 미국 내에서만 1,100만 명 이상입니다.[18] 여기에는 부분적인 청력 손실이 있거나 소리가 아닌 다른 방식으로 사용하여 정보 처리할 수 있는 덜 심각한 상태를 가진 수백만 명의 사람들은 제외됩니다.

청각장애인이 사용하는 보조기술에는 보청기, 캡션 및 트랜스크립트(번역자 주: 자막)이 포함됩니다. 이러한 사용자 집단이 제품에 더 쉽게 접근할 수 있도록 하기 위해 염두에 두어야 할 사항은 다음과 같습니다.

◗ 캡션이 포함된 오디오 및 비디오 콘텐츠

Note 오디오 설명(시각장애 섹션에서 다루고 있음), 선택 캡션 및 트랜스크립트는 서로 다른 용도로 사용되지만 때때로 혼용하여 사용합니다. 오디오 설명은 원본 사운드트랙 외에 시각적으로 무슨 일이 일어나고 있는지에 대한 설명을 포함합니다.[19] 선택 캡션은 사용자가 들을 수 없다고 가정하고 화자 변경 및 텍스트와 함께 배경 소리를 포함합니다. 트랜스크립트는 사용자가 들을 수 있다고 가정하고 음성 대화만 포함합니다. 트랜스크립트는 비디오/오디오 파일의 일부가 아닌 전체 비디오 또는 오디오 파일에 음성 대화가 포함된 텍스트 파일입니다. 대본에는 화자 레이블, 타임스탬프 및 오디오 설명이 있을 수도 있고 없을 수도 있습니다.

---

17   www.nidcd.nih.gov/health/statistics/quick-statistics-hearing

18   https://infoguides.rit.edu/c.php?g=380750&p=2706325

19   https://accessible360.com/accessible360-blog/202-03-04-closed-captioning-vs-audio-descriptions/

미국의 1996년 통신법에 따라 방송사, 케이블 회사 및 위성 텔레비전 서비스 제공 업체는 특별히 면제를 받지 않는 한 모든 영어 비디오 프로그램의 전체 내용에 대해 트랜스크립트를 제공해야 합니다.[20] 캡션 또는 트랜스크립트는 WebVTT 파일[21]을 생성하거나 ASR(Automatic Speech Recognition, 자동 음성 인식)을 사용하여 수동으로 생성할 수 있습니다. 수동 옵션과 ASR 옵션의 장단점은 가격, 속도(처리 시간) 그리고 가장 중요한 정확성입니다. 오디오 파일의 품질(배경 소음, 화자 수, 녹음 장비 등)에 따라 ASR 캡션의 정확도가 크게 떨어질 수 있습니다.[22] 음성-텍스트 시스템의 정확도는 일반적으로 WER(단어 오류율), 즉 시스템에서 발생하는 전사 오류의 비율로 측정됩니다. 단어 오류율은 5~10%이면 양호한 것으로 간주됩니다.[23] 물론 허용 가능한 오류 허용치는 ASR 모델을 사용하는 애플리케이션과 브랜드에 따라 달라집니다.

캡션 제공 여부 외에도 사용자에게 캡션 크기를 조정할 수 있는 옵션을 제공하면 청각장애와 저시력장애를 모두 가진 사용자도 콘텐츠에 접근할 수 있습니다. 디자인과 구현에서 다양한 텍스트 크기 기본 설정을 고려하는 경우 화면 공간을 더 많이 차지할 수 있는 다른 사용자 언어로 캡션을 표시하는 것은 추가 비용 없이 가능합니다.

---

20 www.nad.org/resources/technology/television-and-closde-captioning/closed-captioning -requirements/

21 www.google.com/url?q=https://www.w3.org/TR/webvtt1/

22 https://journals.sagepub.com/doi/10.1177/2059799118790743

23 https://docs.microsoft.com/en-us/azure/cognitive-services/speech-service/how-to-custom-speech-evaluate-data

다음에서는 일반 텍스트 크기로 캡션을 표시한 예(그림 3-16)와 큰 글꼴로 캡션을 표시한 화면(그림 3-17)을 살펴봅니다. 마지막으로 독일어로 캡션이 표시된 화면(그림 3-18)이 있습니다.

그림 3-16. 비디오 및 기본 크기 캡션이 있는
모바일 화면

그림 3-17. 비디오와 확대된 캡션이 있는
모바일 화면

그림 3-18. 독일어 비디오 및 캡션이 있는 모바일 화면

소리 신호만으로는 의미를 전달할 수 없음

소리 기반 정보에 대한 시각적 또는 텍스트 대체 정보가 있어야 합니다. 예를 들어 온라인 게임에서 사용자가 잘못된 명령을 입력하면 경고음이 울려 사용자에게 오류가 발생했음을 알립니다. 이 경우 게임에서 시각적 또는 텍스트 힌트도 제공해야 합니다. 휴대폰에서는 오류 메시지를 강화하기 위해 햅틱 피드백을 사용하기도 합니다.

규정 준수 그 이상

캡션의 활용 사례는 일반 접근성 사례보다 다양하여 적용 범위가 훨씬 커집니다. 페이스북에서 1억 5천만 명 이상의 사용자를 보유한 한 동영상 퍼블리셔는 동영상의 85%가 소리 없이 시청된다고 보고했습니다.[24] 또한 캡션을 사용하면 검색, 지능형 세분화, 번역(따라서 도달 범위가 넓어짐), 미디어 파일 위에 스마트 기능을 추가할 수 있어, 캡션 없는 시청으로는 불가능한 범위까지 도달합니다. 트랜스크립트 및 캡션의 잠재적 사용 사례는 아래 연구에서 자세히 설명합니다.

◖ 사례 연구: 트랜스크립트 및 캡션

몇 년 전 Yahoo Finance에서 근무할 때 우리 팀은 접근성팀과 협력하여 '실시간 시세'라는 프로젝트를 진행했습니다. 사전 녹음된 모든 금융 시장 뉴스의 트랜스크립트는 이미 규정 준수 요건을 충족했습니다. 하지만 한 단계 더 나아가기로 결정했습니다.

이 프로젝트에서는 트랜스크립트, 머신러닝, 프론트엔드 디자인을 결합하여 리포터가 말하는 기업의 실시간 주가를 동영상과 함께 실시간으로 표시했습니다.

금융 시장 분야의 뉴스 제공업체는 이미 TV에서 볼 수 있는 이 기능을 제공하고 있지만, 이 정보를 수동으로 식별하고 게시하려면 누군가가 필요합니다. 자동화된 솔루션은 훨씬 더 확장된 범위로 사용자를 정의할 수 있습니다. 예를 들어, 뉴스가 나온 시점의 주가를 가져와서 나중에 동영상을 시청하는 경우 비교를 위해 현재 가격을 표시할 수 있습니다.

이는 보조기술이 모든 사람에게 더 풍부한 경험을 제공하는 예시입니다. 트랜스크립트 및 캡션의 또 다른 이점은 SEO 또는 검색 엔진 최적화입니다. DDN(Discovery Digital Networks)은 YouTube 채널에서 자막이 있는 동영상과 없는 동영상을 비교하는 실험을 수행했습니다. 그 결과 자막이 있는 동영상의 조회수가 평균 7.32% 더 높은 것으로 나타났습니다.[25] 대본은 자막을 만들 수 있는 방법도 제공합니다. 자막은 완

---

24 https://instapage.com/blog/closed-captioning-mute-videos
25 www.3playmedia.com/blog/7-ways-video-transcipts-captions-improve-seo/

전히 새로운 대상층에게 콘텐츠를 제공할 수 있는 방법을 제공합니다.

라이브 티커 기능과 마찬가지로 캡션을 사용하면 미디어 파일의 특정 부분을 검색하고 탐색할 수 있습니다. 또한 동영상을 특정 부분별로 자동 시맨틱 세분화할 수도 있습니다. 예를 들어, YouTube에서는 크리에이터가 동영상에 챕터를 추가하여 시청자가 세그먼트별 타임스탬프를 건너뛰도록 할 수 있습니다(그림 3-19 참조). 시청자는 동영상의 특정 부분을 공유할 수도 있습니다.

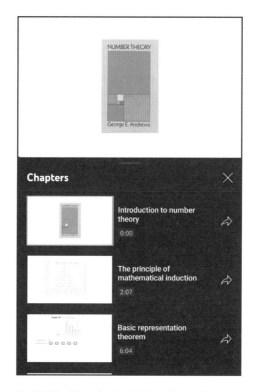

그림 3-19. 개별 챕터의 타임스탬프와 동영상 플레이어 아래의 공유 버튼이 있는
Number Theory의 YouTube 동영상 스크린숏

현재는 업로더가 이러한 구분용 중단점의 위치를 결정합니다. 자연어 처리와 결합된 캡션은 수동 분할 없이도 기본적으로 이 기능을 활성화할 수 있으며, 개별 시청자를

위해 섹션을 개인화할 수도 있습니다.

라이브 캡션이 제공하는 또 다른 놀라운 기능으로는 실시간 트랜스크립트와 자동 생성된 미팅 노트가 있어 사람들이 미팅 중에 커뮤니케이션에만 집중할 수 있습니다.

인지장애인

인지장애는 운동장애 다음으로 가장 흔한 장애 형태입니다. 미국 질병통제예방센터에 따르면 미국에는 1,600만 명 이상의 사람들이 인지장애를 앓고 있습니다. 인지장애의 몇 가지 예로는 자폐증, 주의력 결핍, 난독증, 난산증, 기억 상실 등이 있습니다.

인지장애와 다른 유형의 장애에 대한 가이드라인은 중복되는 부분이 많습니다. 동시에 일부 지침은 한 사용자 그룹에게는 도움이 되지만 다른 그룹에게는 더 이해하기 어려운 경험을 제공하는 경우가 발생하는 등 상충되는 부분이 있을 수 있습니다.

한 가지 예로 동영상의 선택 캡션을 들 수 있습니다. 청각장애인에게는 도움이 되지만, 일부 ADHD 사용자는 화면에 텍스트가 있는 동안 동영상에 집중하는 데 어려움을 겪을 수 있습니다.[26] 읽기에 어려움을 겪는 난독증 사용자의 경우 화면에 텍스트가 추가로 표시되면 불안감을 느낄 수도 있습니다. 5장에서는 사용자가 가장 편하다고 느끼는 글꼴 및 기타 부분을 선택할 수 있도록 하는 개인화에 대해 설명합니다.

◑ 체계적이고 이해하기 쉬우며 일관성 있는 콘텐츠

애플리케이션에 기능을 추가하는 것은 개발팀에서 가장 쉽게 할 수 있는 일입니다. 접근성 확보를 위해 주어진 앱이나 화면에서 기능의 인지적 복잡성을 지속적으로 평가하는 것이 필요합니다. 이렇게 하면 인지장애인이 애플리케이션에 더 쉽게 접근할 수 있을 뿐만 아니라 모든 사람이 더 직관적으로 사용할 수 있습니다. 특히 모바일에서는

---

26   http://davidlweisphd.com/publications/2012-AECT-LewisBrown.pdf

사용자가 주어진 화면에서 수행할 수 있는 UI 구성요소와 동작의 수는 제한되어 있습니다.

그림 3-20은 검색창, 필터, 광고 등 UI 구성요소가 너무 많은 모바일 인터페이스의 예입니다. 반면에 그림 3-21은 검색 결과에 중점을 둔 더 단순한 인터페이스를 보여줍니다.

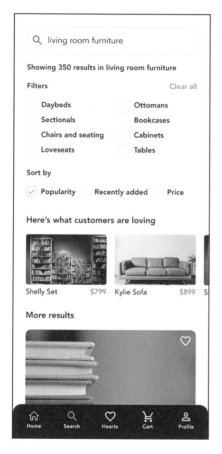

그림 3-20. 콘텐츠가 많은 모바일 화면
(검색창, 필터, 체크박스가 있는 정렬 옵션,
권장 사항)

그림 3-21. 더 이해하기 쉬운 형식의 필터 및
정렬 옵션이 있는 모바일 화면

● 상호 작용에 대한 시간제한 또는 제한 조정 가능

특정 시간 내에 상호 작용을 완료해야 하는 경우, 사용자에게 만료 전에 충분한 경고 (WCAG 지침에 따라 20초)를 제공하거나 시간제한을 중지 혹은 조정할 수 있는 기능을 제공합니다. 이는 특히 사용자가 시간 기반 작업을 완료하지 못하면 데이터를 잃을 수 있는 양식 및 기타 입력 활동에 적용됩니다. 이러한 제어 기능을 사용하면 읽기 또는 학습장애가 있는 사용자와 기술 제품에 대한 경험이 적은 사용자도 작업을 완료할 수 있는 충분한 시간을 확보할 수 있습니다.

실시간 경매와 같이 실시간 상호 작용이 필요한 상황은 이 규칙의 예외입니다.

● 끄거나 일시 중지될 수 있는 애니메이션, 미디어쿼리 및 자동 업데이트 콘텐츠

애니메이션, 깜박이는 시각적 요소, 자동 업데이트 콘텐츠는 일부 이용자에게 매력적인 사용자 경험을 제공할 수 있습니다. 그러나 발작, 불안 및 기타 인지장애가 있는 사람은 이러한 상호 작용에 부정적인 반응을 보일 수 있습니다. 웹 개발자는 다음 코드와 같이 사용자가 미디어 쿼리를 통해 접근 가능한 환경설정을 선언한 경우도 이를 비활성화할 수 있습니다.[27]

```
@media (prefers-reduced-motion: reduce) {
button {
 animation: none;
 }
}
```

---

27   https://web.dev/prefers-reduced-motion

모바일 개발자의 경우 애니메이션 비활성화 또는 느린 애니메이션에 대한 사용자 기본 설정을 준수하기 위해, 운영 체제의 표준 API를 사용하는 것이 가장 쉬운 방법입니다.

🌑 텍스트와 콘텍스트에 따라 표시하는 양식의 지침 및 오류

예를 들어 사용자가 MM-DD-YYYY 형식으로 날짜를 입력해야 하는 경우, 날짜 필드에(또는 옆에) 입력할 형식의 지침을 표시합니다. 그러면 사용자가 다른 양식으로 작성할 가능성이 줄어들고 제출 단계에서 명확한 지침을 확인하여 오류를 피할 수 있습니다.

다음 쪽에는 온라인 양식의 일반적인 함정과 이러한 함정에 대한 수정 사항을 나란히 비교한 두 세트의 이미지가 있습니다.

첫 번째 이미지 세트(그림 3-22)는 사용자가 입력을 시작하자마자 카드 번호와 같은 필드 이름이 사라집니다. 이는 기억력이나 주의력이 짧은 사람들에게는 혼란을 주고 방향을 잃게 할 수 있습니다. 이 이미지 옆에는 필드가 항상 표시되는 예입니다.

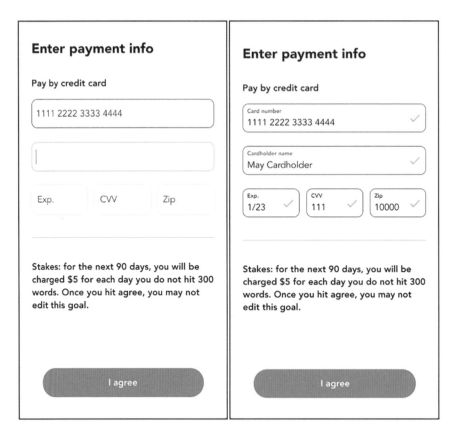

그림 3-22. 두 결제 화면의 비교. 왼쪽은 초점을 맞추면 "카드 소지자 이름"이라는 힌트가 사라지는 신용카드 결제 화면의 스크린샷입니다. 오른쪽은 사용자가 입력할 때 "카드 소지자 이름" 힌트가 표시되는 신용카드 결제 화면의 스크린샷입니다.

다음 세트(그림 3-23)에는 양식과 관련된 모든 오류에 대해, 양식 위에 바로 표시하는 스크린샷 예시가 있습니다. 사용자가 입력 내용을 수정하고 새로운 입력 내용을 확인하기 위해 여러 페이지 스크롤을 통해 수정하고 다시 입력을 확인해야 하는 경우에도 도움을 줍니다. 불안, 기억력, 주의력 및 기타 인지장애가 있는 사용자의 경우, 오류 메시지와 수정 지침이 맥락에 맞지 않으면 간단한 양식을 작성하는 것이 부담스러울 수 있습니다.

그림 3-23의 두 번째 이미지는, 사용자의 양식 제출을 기다리지 않고 새 정보를 입력하면 동적으로 업데이트되는 오류 메시지가 해당 필드 아래에 표시되는 예제입니다.

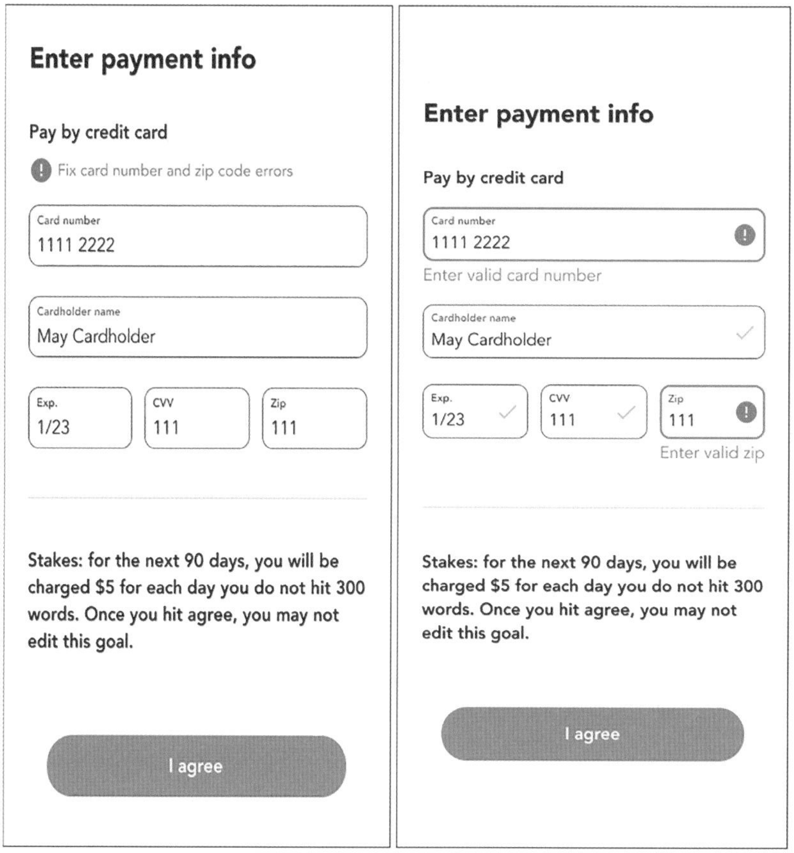

그림 3-23. 신용 카드 양식의 오류 보고 스크린샷. 왼쪽은 모든 오류가 상단에 함께 표시된 신용 카드 결제 화면의 스크린샷이고, 오른쪽은 오류 필드 옆에 오류가 표시된 신용 카드 결제 화면의 스크린샷입니다.

⬤ 캡차(CAPTCHA) 및 기타 인증의 대체 방법

이는 시각장애인의 요구사항과 겹칩니다. 오디오 캡차, 2단계 인증 또는 신원 확인을 위한 추가 인증 방법을 사용할 수 있게 해야 합니다. 이를 통해 사용자는 방해 받지 않고 보안 단계를 유지한 채 온라인 계정에 액세스할 수 있습니다.[28] 캡차 유형 중 첫 번째 버전인 리캡차는 웹에서 가장 접근하기 어려운 요소 중 하나로 평가되었습니다. 요즘에는 오디오 대체 인증을 사용합니다.[29] W3C는 접근성 문제와 이의 대체 솔루션에 대한 자세한 보고서를 발표했으며, 여기에는 비대화형 휴먼 인증을 위한 비밀번호 관리자와 같은 여러 인증 방법이 포함되어 있습니다.[30]

● 보이는 포커스(초점) 표시기

이는 스크린리더와 키보드 내비게이션을 사용하는 저시력 및 운동장애인의 요구와 일치합니다. 포커스 표시기는 사용자에게 상호 작용 중인 화면의 구성요소(버튼, 텍스트 등)를 항상 알 수 있도록 도와줍니다. 브라우저와 모바일 운영 체제는 표준화된 UI 구성요소를 사용하는 경우 WCAG 요구사항을 충족하는 포커스 표시기를 내장하고 있습니다. 이 요구사항은 크기와 색상 대비라는 두 가지 측면을 중심으로 포커스가 맞춰진 항목과 그렇지 않은 항목을 충분히 구분할 수 있게 합니다. 현재 WCAG AA 표준 가이드라인은 포커스가 맞춰진 상태와 맞춰지지 않은 상태를 구분할 때, 컴포넌트와 인접한 UI 요소 사이의 대비 비율이 3:1이어야 하며, 컴포넌트 주변에는 1픽셀 윤곽선 또는 4픽셀 굵기의 주변 모양 구분을 추천합니다.[31]

일반적으로 기본 포커스 표시기를 변경하지 않는 것이 가장 좋지만 사용자 맞춤형 보기 또는 포커스 표시기를 사용하는 경우 위의 준수 사항을 반드시 검토해야 합니다. 예를 들어 이미지의 색상을 알 수 없는 동적 콘텐츠 또는 사용자 생성 콘텐츠 등에서는 준수 확인이 특히 어려울 수 있습니다. 이 문제를 해결하는 한 가지 방법은 UI 구성요소와 포커스 표시기 사이에 약간의 공간을 두어 기존 배경색으로 작업하는 것입니다.

---

28 www.w3.org/TR/turingtest/#the-accessiblity-challenge
29 https://support.google.com/recaptcha/answer/6175971?hl=en
30 www.w3.org/TR/turingtest/#fedtoken
31 www.w3.org/WAI/WCAG21/Understanding/focus-visible.html

● 규정 준수 그 이상

콘텐츠를 읽기 쉽고, 혼란스럽지 않게 정의하고, 이해하기 쉽게 만드는 것은 디자인 및 엔지니어링에서의 기본 사항입니다. 사용자 흐름을 단순화하고 복잡한 기능을 제거하면 참여도와 다운로드(애플리케이션과 웹 페이지의 파일 크기를 효율적으로 작게 생성)에 도움이 될 뿐만 아니라 유지 관리하기도 더 좋습니다.

언어장애인

음성 어시스턴트와 같은 디바이스를 통한 사물 인터넷(IoT) 분야의 발전과 함께 디바이스와 상호 작용하는 음성 활용이 크게 성장하고 있습니다. 구글에 따르면 전 세계 인구의 27%가 이미 모바일에서 음성 검색[32]을 사용하고 있습니다. 음성 인식 애플리케이션은 시각 및 미세 운동장애가 있는 사람들이 디바이스를 훨씬 더 쉽게 이용하도록 합니다.

언어 및 청각장애인과 더불어 다른 소수 장애 집단도 소외시키지 않습니다.

미국 국립보건원[33] 데이터에 따르면 미국 내 약 750만 명의 사람들이 음성 사용에 어려움을 겪고 있습니다. 음성 우선 접근 방식으로 전환하는 애플리케이션의 경우 시각 또는 텍스트 기반의 보조적 상호 작용 방식을 함께 유지하는 것이 중요합니다.

대체 보조 방식을 고려해야 하는 또 다른 이유는, 음성 영역 내에서도 음성 패턴과 억양이 매우 다양하기 때문에, 모든 사용자의 접근성을 보장하기 위해서는 음성 이외 보조 방식을 제공하는 것이 필요하기 때문입니다. ASR(자동 음성 인식) 서비스 중 영어 원어민 대상은 95%에 달하지만 비원어민 대상은 이보다 훨씬 낮습니다. 일반적이지 않은 음성 패턴, 악센트 또는 다른 언어의 지원은 더 크게 낮아집니다. 이의 원인은

---

32 www.dbwebsite.com/blog/trends-in-voice-search/
33 www.nidcd.nih.gov/health/statistics/statistics-voice-speech-and-language

이러한 언어 서비스를 지원하는 머신러닝 모델 훈련용으로 사용하는 언어 데이터가 한정적이기 때문입니다. Apple 기기의 음성 어시스턴트 Siri는 처음 출시되었을 때에는 사용자 악센트[34]를 이해하는 데 어려움이 있는 것으로 유명했습니다. 이제 Siri[35]를 비롯한 대부분의 음성 어시스턴트는 사용자가 자신의 억양과 언어를 선택할 수 있으며, 어시스턴트가 사용자 고유의 음성 패턴을 이해하도록 훈련할 수 있습니다.

◕ 주요한 음성 입력 애플리케이션이 제공하는 보조적 상호 작용 방식

음성 사용 사례는 최근 많이 활용되고 있으며, 음성으로 수행할 수 있는 대부분의 작업에는 키보드나 시각적 인터페이스를 통한 터치 등이 대체 보조 방법으로 제시되기 때문에 일반적 가이드라인에서 다루지 않습니다.

구글의 프로젝트 유포니아[36]는 루게릭병(근위축성 측삭경화증) 및 다운증후군과 같은 질환을 가진 사람들이 음성 기술을 더 쉽게 이용할 수 있도록 하는 인공지능 애플리케이션의 좋은 예입니다. 이 기술은 초기 단계에서 사람들의 자연스러운 억양과 말하기 패턴을 학습하고, 음성을 잃은 후에도 자신의 목소리로 의사 소통할 수 있게 돕습니다. 또한 비음성적 기술을 사용하여 스마트 홈 기기를 작동시키고 루게릭병 사용자의 얼굴 제스처를 사용하여 스포츠 경기 중 응원을 하는 데에도 사용합니다.[37] 2021년 연구에 따르면[38] 음성 이외 보조적 상호 작용 기술은, 특히 심각한 장애를 가진 사람들에게 일반 속기사가 제공한 문장 텍스트보다 더 뛰어난 상호 작용 성능을 제공합니다.

---

34   www.fastcompany.com/1799374/siri-why-cant-you-underatand-me
35   https://support.apple.com/en-us/HT208316
36   https://sites.research.google/euphoria/
37   https://ai.googleblog.com/2021/08/recreating-natural-voices-for-people.html
38   www.isca-speech.org/archive/pdfs/interspeech_2021/green21_interspeech.pdf

● 규정 준수 그 이상

음성 애플리케이션에서 흔하지 않은 억양과 음성 패턴을 이해하기에 충분한 데이터가 없을 때, 음성 입력을 대체할 수 있는 텍스트는 좋은 대안입니다.

모바일의 음성 명령 기능은 접근성 코드 레이블에 의존하는데, 이는 한 가지 해결법이 다른 여러 해결법의 출발점이 될 수 있는 사례를 보여줍니다.

이동장애인

미국 인구의 17%가 다양한 유형의 이동성장애를 겪고 있습니다.[39] 근이영양증, 다발성 경화증, 루게릭병, 파킨슨병, 본태성 진전증 등이 그 예입니다.

이러한 질환은 터치스크린 인터페이스, 키보드, 마우스를 사용하기 어렵게 만들 수 있습니다. 손 사용이 제한적인 사용자를 위한 보조기술로는 홀짝 및 퍼프 스틱, 단일 스위치 액세스, 적응형 키보드, 시선 또는 얼굴 추적 소프트웨어 등이 있습니다. 이제 이러한 사용자를 포용할 수 있는 애플리케이션을 만들기 위한 가이드라인에 대해 알아보겠습니다.

● 키보드를 통한 콘텐츠 액세스

사용자가 외부 키보드 또는 맞춤형 보조 장치를 부착하는 모바일 디바이스 및 터치스크린 장치를 사용할 때 필요합니다. 애플리케이션이 키보드로 조정 가능한지를 확인하는 가장 기본적인 방법은, 키보드를 디바이스와 연결/페이링하고 콘텐츠를 탐색하는 것입니다('Tab' 키를 사용하여 수행). 이는 시각장애 및 스크린리더 섹션에서 다루어진 의미 있는 그룹화 및 포커스 순서에 대한 가이드라인과도 연결됩니다. 또한 사용자는 페이지의 모든 요소에 대해 탭 키를 사용하는 것 이외에 제목을 기준으로 탐색할 수 있습

---

39   www.cdc.gov/ncbddd/disabilityandhealth/infograpgic-disability-impacts-all.html

니다. 또한 음성 사용 입력 사용자와 키보드 자판을 하나씩 입력 못하는 사용자를 위하여 문자 단축키를 끄거나 단축키를 다른 문자로 재매핑 할 수 있어야 합니다.

시간차 입력이나 개별 키 입력 없이도 모든 작업을 사용할 수 있어야 합니다. 헤드 포인터, 시선 시스템 또는 음성 제어 마우스 에뮬레이터와 같이 특수하게 개조된 입력 장치를 사용하는 사용자에게 이러한 액세스가 중요하며, 특정 제스처가 어렵거나 오류가 빈번하게 발생하는 동작에서 대해서도 키보드 활용이 지원되어야 합니다.[40] 예를 들면, 원하는 위치에 항목을 정확하게 끌어다 놓는 정렬 가능한 목록입니다.

드래그 앤 드롭은 사용자가 원하는 위치에 요소를 배치할 수 있는 훌륭한 인터랙션 방법이지만, 개발자는 사용자가 원하는 순서로 요소를 재정렬할 수 있는 방법도 제공해야 합니다. 예를 들어 목록에서 항목의 위치를 입력하거나 항목을 한 번에 하나씩 위아래로 이동하는 방식을 지원해야 합니다.

● 모션 구동, 포인터 포커스, 활성화 등의 실행 취소 가능

사용자는 키보드 포커스를 받을 수 있는 요소에서 포커스를 제거할 수 있어야 합니다. 클릭 또는 장치의 특정 움직임에 의한 기능의 구동이나 활성화에도 동일하게 적용됩니다. 예를 들어 일부 앱은 사용자가 기기를 흔들면 기능이 활성화되도록 허용합니다. 이는 운동장애인은 물론 사용자 누구에게나 의도치 않은 결과를 접할 수 있게 합니다.

따라서 사용자가 해당 기능을 끄거나 작동을 취소할 수 있어야 합니다. 또한 휠체어나 기타 보조 장치에 디바이스를 장착한 경우에도 사용자만이 디바이스를 흔들 수 있을 것이라는 단순한 생각은 버려야 합니다.

---

40 www.w3.org/WAI/WCAG22/Understanding/dragging-movements

규정 준수 그 이상

키보드 액세스의 사용은 스크린리더 액세스 및 포커스 순서와 밀접한 관련이 있습니다. 키보드로 액세스할 수 있는 요소는 스크린리더에서도 액세스할 수 있어야 합니다.

모든 사용자

아래 항목들은 보조기술의 사용 여부와 관계없이 모든 사람에게 적용되는 지침입니다.

전문 용어 또는 불필요하게 복잡한 언어 사용 피하기

플레쉬-킨케이드 읽기 테스트[41]와 같은 테스트를 통하여 대상 고객층에서 콘텐츠 읽기의 어려움 정도를 확인해야 합니다. 이는 마케팅 자료나 사용활성화 메시지에 특히 중요합니다.

글로벌 설정 준수

텍스트 크기, 애니메이션 설정, 색상 반전 및 다크 모드에 대한 내용은 앞에서 다루었습니다. 기기에 접근성 설정이 활성화되면 애플리케이션의 관련 콘텍스트에서 해당 설정을 준수해야 합니다. 마찬가지로 인앱 사용자 지정 접근성 설정을 선택한 경우 세션 간에 해당 설정을 유지(저장)한다면 사용자가 매번 재구성할 필요가 없으므로 더 나은 사용자 환경을 제공할 수 있습니다.

사용자 피드백의 제공(수집) 허용

사용자 피드백은 고객에게 새로운 서비스를 제공할 수 있는 방법일 뿐만 아니라 기

---

41 www.textcompare.org/readability/flesch-kincaid-grade-level/

존 제품을 개선할 수 있는 주요 자원입니다. 최고의 제품은 사용자가 최대한 쉽고 직관적으로 피드백을 제공할 수 있도록 합니다. 이메일, 전화, 실시간 채팅 등 다양한 기능적 요구를 충족하는 여러 채널을 보유하는 것은 장애인에게 매우 중요합니다. 또한 모든 사용자가 자신이 선호하는 방식으로 고객 지원팀과 소통할 수 있어야 합니다. 이에 대한 예가 그림 3-24에 나와 있습니다.

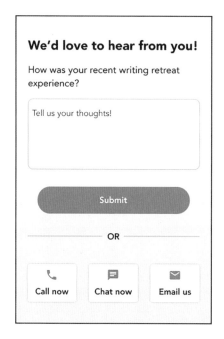

그림 3-24. 전화, 채팅 또는 이메일 옵션이 있는 피드백 화면의 스크린숏

◑ 요약

- 전맹 또는 부분 시각장애인이 사용하는 가장 일반적인 보조기술은 스크린리더입니다. 색 맹 또는 빛에 민감한 사람의 경우 다크 모드, 밝기 및 색상 반전이 또 다른 보조기술입니다.

- 스크린리더는 웹사이트 또는 애플리케이션이 선택되었을 때 해당 화면에서 제공하는 대체 텍스트를 활용하여 읽어줍니다.

- 사용자 생성 콘텐츠인 경우 콘텐츠 제작자가 업로드 단계에서 콘텐츠의 설명을 캡션 입력 영역에 추가하거나 이미지 자동 인식 기능을 사용하여 캡션이 없는 이미지에 설명 레이블을 제공하도록 권장할 수 있습니다.

- 또한 링크는 일반 텍스트와 시각적으로 구분할 수 있어야 하며 링크의 내용을 설명하는 텍스트가 포함되어야 합니다.

- 청각 장애인이 사용하는 보조기술에는 보청기, 캡션 및 트랜스크립트가 포함됩니다.

- 캡션을 사용하면 검색, 지능형 세분화, 번역(사용 및 도달 범위가 더 넓어짐), 미디어 파일 위에 스마트 기능을 추가하는 등 더 확장된 기능을 지원합니다.

- 인지 장애를 위한 일부 접근성 지침은 다른 지침과 충돌할 수 있습니다. 청각장애인에게는 도움이 되지만 ADHD 증상 사용자는 텍스트와 같이 나타난 동영상 때문에 집중이 어려울 수 있습니다.

- 일반적으로 기본 포커스 표시기를 변경하지 않는 것이 가장 좋지만 사용자 맞춤형 보기 또는 포커스 표시기를 사용하는 경우 WCAG 지침을 준수해야 합니다.

- 음성 입력을 대체하는 텍스트 입력 기능은 음성 애플리케이션에서 흔하지 않은 억양과 음성 패턴을 이해할 수 있는 데이터가 충분하지 않은 경우에 적절한 대안이 될 수 있습니다.

- 키보드 액세스를 제공하는 것은 스크린리더 액세스 및 포커스 순서와 밀접한 관련이 있습니다. 키보드로 액세스할 수 있는 요소는 스크린리더에서도 액세스할 수 있어야 합니다.

- 접근성을 더 넓게 보면, 복잡한 단어 사용을 피하고 글로벌 설정을 준수하며, 사용자가 피드백을 제공할 수 있도록 하는 것까지 포함할 수 있습니다.

제4장

해결 방안

지난 장에서는 장애유형에 따른 사용자 요구사항과 여러 유형의 접근성을 넘어 더 넓은 도달 범위를 고려한 솔루션을 살펴보았습니다. 이번 장에서는 첫째, 기존 제품 및 기능을 개발하는 사람들을 위해 현재 문제를 해결할 수 있는 방법에 대해 논의합니다. 둘째, 3장에서 언급한 장애유형별 솔루션을 소프트웨어 개발 라이프사이클에 통합하여 대규모 접근성 검사나 단기적인 접근성 해결책을 지양하고, 근본적 해결 방법에 대해 논의합니다.

기존의 문제 해결 방안

기존 문제는 고객 신고, 검사 또는 법적 불만에서부터 시작됩니다. 디지털 접근성에는 매우 복잡한 문제들이 포함되어 있어 처음에는 처리하기 어려울 수도 있습니다.

규모 있는 제품이 접근성을 염두에 두지 않고 개발되었다면, 첫 번째 검사 보고서를 작성하는 것조차도 완료하기 어려운 작업일 수 있습니다. 가장 먼저 기억해야 할 것은 한 번에 모든 것을 완벽하게 해결하지 않아도 괜찮다는 점입니다. 두 번째는 이런 접근성 문제들은 대체적으로 쉽게 고칠 수 있음을 인식하는 것입니다. 발견한 문제를 해결하기 위해 팀 전체가 우선순위와 책임, 업무를 할당할 수 있는 체계적인 프레임워크가 필요할 뿐입니다.

검사는 사용자 경험의 어느 부분이 잘 처리되고, 어느 부분에서 개선이 필요한지를 전체적으로 파악할 수 있는 좋은 방법입니다. 규모가 크고 분산된 팀에서 체계적이고 철저한 검사를 통해 얻을 수 있는 또 다른 이점은, 팀별로 제품을 점검하는 방식이 아니라 사용자의 관점에서 제품을 평가할 수 있다는 것입니다. 또한 문제를 통합적으로 파악하면, 관련 팀의 교육 기회를 발견하고 재사용할 수 있는 핵심 접근성 구성요소를 중앙집중화를 통해 관리할 수 있습니다.

검사 보고서를 받은 후 모든 문제를 한꺼번에 몰아서 해결하려는 자세는 아무것도 해결하지 못하는 지름길입니다. 해결팀이 이슈를 처리할 때, 흔히 범하는 또 다른 실수는 단순한 규정 준수나 법적 요구사항을 지키는 방향으로만 집중하는 것입니다. 이런 준수의 집중을 벗어나 규정 준수에 대한 바른 인식을 가지고 접근성 제품의 비즈니스 가치를 강화하는 방향으로의 전환이 필요합니다. 첫 번째 해결 방식을 통한 운영은, 규정 준수 목록에 있는 해당 항목에 체크 마킹을 하는 것이 목표이기 때문에 사용자 서비스 혁신에 대한 큰 그림을 볼 수 없는 반면, 두 번째 해결 방식은 팀이 창의적으로 생각할 수 있도록 장려합니다. 컨설턴트, 중앙집중적 접근성팀, 자체 개발팀 등에서 누구나 변화를 주도할 수 있게 하는 효과적인 방법은 계층적, 단계적 해결 방식을 취하는 것입니다. 단계 방식은 다음과 같습니다.

1. 사용자 주요 흐름을 포함하고 있는가?

팀 내외부의 제품 관리자, 디자이너 또는 엔지니어들이 협력하여 사용자와 비즈니스에 가장 중요한 사용자 플로우를 파악해야 합니다. 새 애플리케이션에서 사용자 핵심 흐름의 대표적인 예는 회원 가입 프로세스입니다. 여기서는 회원 가입 이외의 다른 작업을 수행하지 못하도록 해야 합니다.

주요 흐름의 사소한 문제 → 사용자 작업 흐름의 주요 문제

2. 문제가 차단 요소로 작용하나요? 사용자가 원하는 작업을 완료할 수 있는 다른 방법이 있나요?

접근성 문제는 보조기술 사용자가 작업 플로우에서 앞으로 나아가지 못하게 하는 차단 요소가 될 수 있습니다. 그래서 사용자 주요 흐름에서는, 다른 어떤 문제보다도 우선순위를 높게 정해야 합니다. 대표적인 예로 탭 키의 포커스 시퀀스가 중단되어 사용자가 페이지의 특정 섹션에 갇혀 있는 경우를 들 수 있습니다.

3. 이런 문제를 해결하기 위해 필요한 노력 수준은 어느 정도인가요?

해결의 정도는 목표에 따라 다른 의미를 가질 수 있습니다.

    (1) 요구사항을 충족하기 위해

    (2) 요구사항을 충족하는 것보다 더 잘하기 위해(진심으로 진지하게)

    (3) 업계를 선도하는 혁신적인 사용자 경험(혁신 단계의 도달을 위해 자가 발전하는 공간)

실질적인 구현에 필요한 해결의 노력 수준을 결정하기 위해 기존 문제를 세분화해야 하며, 이의 구분자는 시각적 디자인 변경이 필요한 문제와 그렇지 않은 문제입니다. 디자인이 시각적으로 변경되지 않는다면 구현 및 검증에 관련된 단계가 훨씬 짧아집니다. 표 4-1은 3장의 모든 항목에 대해 시각적 디자인 변경이 필요한지를 구분하여 보여줍니다.

표 4-1. 시각적 디자인 변경이 필요한 경우와 그렇지 않은 경우의 접근성 고려 사항

시각적 디자인 변경 필요 없음	시각적 디자인 변경 필요함
콘텐츠 레이블(대체 텍스트)	동적 크기 조정
제목헤딩	시각전용 구분자
의미 있는 포커스 시퀀스	링크 표시기
링크 설명	오디오 설명
자동 재생 볼륨 끄기	캡션 및 스크립트
시간 초과 조정허용	사운드 항목용 대체 텍스트
키보드 접근성	체계적이고 이해하기 쉬운 콘텐츠
역방향 키보드 포커스	구성 가능한 애니메이션
	양식의 사용 지침 및 오류 제어
	캡차와 보안인증 대체보완재
	음성 상호 작용 대체보완재
	도움말 및 피드백 채널

4. 공통 구성요소를 가지고 효과적으로 해결 가능한 시스템 문제가 있나요?

공통 구성요소를 활용한 해결은 광범위한 검사를 가장 잘 대처할 수 있는 방법 중 하나입니다. 애플리케이션의 여러 부분에서 유사한 오류가 발견되면 다음과 같은 작업을 수행하는 것이 필요합니다.

- 구성요소를 중앙 라이브러리로 통합
- 접근성 교육이 필요한 팀 식별
- 자동 및 수동 검사 추가

전체 팀이 구성요소를 중앙집중화하고 이를 통해 문제를 해결하도록 하는 것은 보다 장기적인 노력이 필요하므로 실제 가능한 해결법 중 최고 단계입니다. 구성요소를 중앙집중화하여 로컬 수정 사항을 대응하려면 중복 작업이 필요할 수 있지만, 사용자 접근성을 보장하는 것은 더 큰 가치를 창출합니다.

소프트웨어 제품 라이프사이클:
포용성 포함

소프트웨어 개발은 그 결과물인 제품과 마찬가지로 사용자와 관련 있습니다. 대부분의 접근성 논의는 디자인 측면에 초점을 맞추고, 포용성을 염두에 두고 설계 디자인된 제품의 경우는 계속 포용성을 유지할 것이라고 가정을 합니다. 하지만 디자인은 개발 프로세스의 한 부분일 뿐이므로, 이러한 관점은 모든 사람이 책임져야 할 일을 디자인 영역에만 지나친 불균형적 부담을 주는 것입니다.

개발 프로세스에 참여하는 각 주체와 그들의 책임, 접근성이 각자의 역할에 어떻게 부합하는지를 고려하지 않으면 문제를 총체적으로 해결할 수 없습니다.

예를 들어 설명해 보겠습니다. 사용자가 타사 인증 서비스를 사용하여 애플리케이션에 로그인할 수 있도록 하는 새로운 온보딩(사용자가 앱을 처음 들어왔을 때 앱에 대한 기본적인 기능을 소개하는 화면) 플로우를 구축한다고 가정해 보겠습니다. 그림 4-1, 그림 4-2 및 그림 4-3에 표시된 화면이 있습니다.

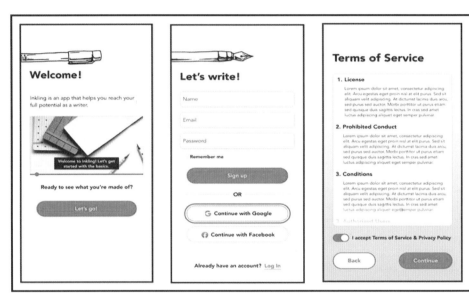

그림 4-1. 온보딩 흐름의 세 가지 화면입니다.

화면 1	화면 2	화면 3
앱의 주요 기능에 대한 캡션이 포함된 비디오 미리 보기	기존 계정 연결이 가능한 옵션이 있는 로그인 또는 가입 페이지	동의 토글이 있는 서비스 약관 페이지

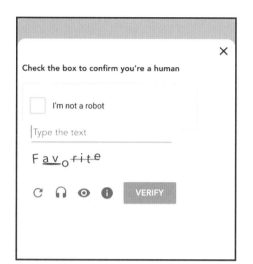 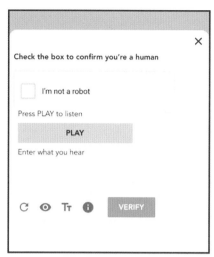

그림 4-2. 왼쪽 스크린숏은 텍스트가 있는 캡차 화면을 보여줍니다.
오른쪽 스크린숏은 오디오가 포함된 캡차 화면을 보여줍니다.

그림 4-3. 식별할 이미지 그리드를 보여주는 모바일 스크린숏

이제 접근성 관점에서 관련 주체와 각 담당 팀들이 어떤 항목을 처리해야 하는지 자세히 살펴보겠습니다. 이러한 처리와 이의 책임은 애자일,[1] 워터폴[2] 또는 기타 프로젝트 관리 방법론에 관계없이 적용됩니다.

제품 관리

제품 관리자는 고객에게 배송되는 제품에 대한 최종적인 책임이 있습니다. 즉, 모든 책임은 제품 관리자 당신에게 있습니다. 예를 들어 아래 항목에 대한 책임을 집니다.

(1) 최종 제품의 사용 흐름에 포함된 타사의 접근성 단계 및 문구에 대한 심사

(2) 사용자 스토리를 작성할 때 3장에서 다룬 사용자 요구사항(또는 자체 목록)을 검토하여 최소한의 기본 사항이 포함되었는지 확인

(3) 여러 팀의 작업 우선순위에 대한 후속 조치

(4) 사용자와 비즈니스에 가장 중요한 사용자 흐름을 정의하고 소통하여 문제가 발생했을 때 우선순위의 올바른 지정

(5) 사용자의 고유한 특정 요구사항에 따라 사용자 코호트 정의

(6) 성공 여부를 측정하고 추가 반복을 통해 각 코호트의 병목 현상을 파악

(7) 자동 및 수동 테스트가 릴리스 또는 승인 프로세스의 일부가 되어야 하는 영역 식별

---

1   www.agilealliance.org/agile101/

2   www.usm1.edu/~hugheyd/is6840/waterfall.html

사용자 연구 및 통찰력

여기에는 사용자 데이터를 수집하고 제품의 기능을 구현할 뿐만 아니라 방향성을 검증하기 위한, 질적, 양적 연구 방법이 모두 포함됩니다. 즉, 생성 연구와 평가 연구가 이에 해당합니다.

사용자 영역 연구자는 질적 연구, 설문조사 및 기타 연구 방법에서 장애인을 대표할 수 있도록 합니다. 모든 사용 사례를 다룰 수는 없지만 가능한 한 많은 그룹의 대표성을 확보하면, 디자이너와 개발자의 관점으로만 그리고 동질적 사용자 집단에 한정되는 제품 경험 설계를 하지 않도록 합니다.

특히 장애인 사용자가 활용할 장비와 환경을 설정하려면, 비장애인 중심의 연구 프로그램에서 가르치지 않는 보조기술에 대한 교육과 경험이 필요합니다.

2장 질적 영향 측정에서 언급했듯이, 보조기술 사용자를 대상으로 하여 대면 및 원격으로 사용성 연구를 전문적으로 수행하는 회사도 있습니다. 원격 연구는 대면 인터뷰를 대체할 수는 없지만 도달 가능한 사용자 기반을 확대하고 사용자의 자연스러운 환경에서 측정하는 연구 기회를 제공합니다. 예를 들어, 영국의 NHS는 장애나 지리적 장벽으로 인해 대면 연구에 참여할 수 없는 연구 참여자를 원격으로 모집하는 것이 더 효율적이라는 사실을 발견했습니다.[3] 소규모 기업의 경우 보조기술을 전문적으로 연구하는 연구원을 고용하거나 다른 회사와 계약하는 데 드는 부가 비용을 감당하기 어려울 수 있습니다. 이러한 상황에서는 직접 사용자 피드백에 의존하거나 공감 연구소를 방문 또는 다양한 환경에서 애플리케이션을 사용함으로써 사용자의 입장이 되어보는 것이 귀중한 인사이트를 얻을 수 있는 길입니다.

연구 공급업체와 설문조사 도구를 선택할 때 연구자는 의도한 참가자가 해당 도구에 액세스할 수 있는지 확인하거나 구매 부서와 협력하여 자발적 제품 접근성 템플릿

---

3   https://digital.nhs.uk/blog/design-matters/2021/going-remote-how-we-adapted-our-accessibility-research

(VPAT, Voluntary Product Accessibility Template)을 확인해야 합니다.

양적 측면에서는 데이터 과학 및 사용자 인사이트팀이 측량 작업(특정 사용자 상호작용에 대한 이벤트 수집)과 참여 관련 주요 마커의 식별 작업을 수행합니다. 지리적 위치, 현지 규정, 플랫폼에 따라 수집할 수 있는 데이터의 유형과 처리에서의 제한 사항이 결정됩니다.

실제 사용자를 대상으로 연구를 수행하기 전에 다음과 같은 질문을 하는 것이 중요합니다.

(1) 제품에 대한 최소한의 기본 사항을 상식 수준에서 점검(통과)했는가?
(2) 실제 사용 경험이 있는 다양한 사람들에게 이 제품을 합리적으로 사용할 수 있는지 확인했는가?
(3) 그렇지 않다면, 실제 사용 경험이 있는 사람들을 참여시켜 쉽게 사용할 수 있는 제품을 만들 수 있는가?

프로젝트 관리

접근성 높은 애플리케이션과 웹사이트를 구축하는 데 필요한 여러 가지 문제 해결을 위해서는 다양한 이해관계자 간의 협업과 소통이 필요합니다. 프로젝트 관리자는 관련된 특정 팀과 이해관계자가 우선순위, 일정, 종속성, 차단 요소에 대해 같은 생각을 가지고 있는지 확인해야 합니다. 따라서 제품 및 프로젝트 관리자는 다양한 분야와 소통하고 제품에 대한 통합적 관점을 일관되게 유지하기 때문에 일반적으로 기업의 방향성을 개선하려는 입장에서 '접근성 챔피언'이 될 수 있는 가장 좋은 위치에 있습니다.

디자인

접근성 준수를 위한 디자인 원칙은 여러 문헌에서 많이 언급하고 있습니다. 대부분의 디자인 가이드라인은 컴포넌트 수준으로 치우쳐 있지만, 실제 디자인에는 컴포넌트와 컴포넌트가 함께 작동하는 방식, 즉 인터랙션 디자인이 모두 포함됩니다. 3장에서는 컴포넌트 수준의 디자인 고려 사항을 심도 있게 다루었습니다. 다음 원칙은 접근성을 위한 디자인을 위해 보다 총체적인 차원에서 적용합니다.

◖ 규칙에 앞서 창의적이며 상식적인 접근성

1장의 접근성을 고려한 데이터 시각화에 대한 사례 연구에서 알 수 있듯이, 사용자의 요구와 단계적 개선 원칙들에서 출발하는 것이 기존의 규칙을 따르는 것보다 더 바람직한 결과를 만들어 냅니다. 디자이너는 현 상태를 전면적으로 채택하기 전에 자신의 창의적인 강점과 제품에 대한 깊은 지식을 활용하여 진정으로 뛰어난 사용자 환경을 만들 수 있는 기회를 가질 수 있습니다.

◖ 의심스러울 때는 표준 패턴 준수

사용자 맞춤형 UI 구성요소 및 상호 작용의 경우 새로운 접근성 패턴을 만들어야 합니다. 일반적인 UI 상호 작용의 경우, 그 기능과 접근성을 향상시키려는 의도가 아니라면, 시스템 기본값과 일반적인 패러다임을 고수하는 것이 좋습니다. 사용자는 각 디바이스가 제공하는 기본 디자인 패턴에 익숙해져 있기 때문에 새로운 패턴을 학습하는 것이 사용자 경험을 증가시키지 않는다면 불필요한 오버헤드에 불과합니다. 또한 네이티브 컴포넌트에는 일반적으로 접근성이 내장되어 있으므로 개발자는 컴포넌트 수준에 맞는 접근성에 대해 걱정할 필요가 없으며, 대신 서로 다른 컴포넌트가 함께 작동하는 방식에 집중할 수 있습니다.

예를 들어, 화면 하단에 탭을 배치하여 쉽게 탐색을 가능하게 하는 것이 일반적인 모바일 패턴입니다. 새로운 디자인에서 이러한 탭을 화면 상단이나 오른쪽/왼쪽 가장자리에 배치하려면 단순히 멋져 보인다는 것 외에 설득력 있는 이유가 있어야 합니다.

◖ 보조기술 사용에 따른 맞춤형 경험 피하기

운영 체제는 애플리케이션이 보조기술의 사용 여부를 감지하도록 허용합니다. 보조기술과 함께 사용할 수 있는 병렬 방식 맞춤형 경험(번역자 주: 사용자가 선택한 환경설정에 따른 경험)을 설계하는 것이 처음에는 좋은 아이디어처럼 보일 수 있지만, 기본 경험과 동등하게 액세스할 수 없거나 사용자 맞춤형 경험이 보조기술 사용자에게 분명한 이점이 있을 경우에만 고려해야 합니다.

사용자 맞춤형 환경을 사용할 수 있는 경우 보조기술이 없는 사용자도 액세스할 수 있어야 하며, 있는 사용자는 보조기술 사용설정을 해제할 수 있어야 합니다.

여기에는 몇 가지 이유가 있습니다.

(1) 사용 환경에 따라 보조기술을 감지 못하는 경우도 있습니다. 외부 하드웨어 및 타사 플러그인 형태의 보조기술은 애플리케이션에서 감지되지 않거나 개인정보 보호 규정으로 인해 감지가 제한될 수 있습니다.

(2) 여러 상황에 대처하는 자동감지 병렬 방식 경험을 구축하고 유지 관리하는 데는 개발팀에 많은 비용과 시간이 소요됩니다.

◖ 가능한 가장 광범위한 사용 사례에 대한 고려

다양한 시나리오를 고려할 때 도움이 되는 몇 가지 질문을 나열합니다.

(1) 기능을 각 나라별 언어로 제공한다면, 인터페이스는 어떻게 조정해야 할까?

(2) 색상을 반전할 경우 동영상처럼 그대로(반전 없이) 두어야 하는 구성요소가 있는가?

(3) 페이지의 색상을 볼 수 없는 경우에도 페이지와 상호 작용할 수 있는가?

(4) 이미지나 기호 없이 텍스트 레이블만 있는 경우 어떻게 작동하는가?

(5) 화면에서 한 가지 작업만 할 수 있다면 보조기술과 애플리케이션 중 어떤 것인가? 두 가지라면 어떻게 조정할 것인가?

(6) 오래되고 작은 기기에서는 어떻게 작동하는가?

(7) 네트워크에 장애가 발생하면 어떻게 되는가?

(8) 알림은 어떻게 되는가?

(9) 오류 상태는 어떻게 되는가?

(10) 사용자 콘텍스트(번역자 주: 사용자의 장애유형, 환경, 장소, 시간 등을 고려할 뿐만 아니라 시대 배경, 문화, 사회 등 좀 더 광범위한 요소)에 대한 예측을 하고 있는가? 실제와 다르다면 어떻게 해야 하는가?

◉ 로딩 상태를 효과적으로 처리하기

모든 플랫폼에서 화면 로딩 대기 중임을 사용자에게 알리는 것은 기본 사항이며, 모바일에서는 특히 중요합니다. 한 번에 하나(경우에 따라 두 개) 애플리케이션만 포그라운드(화면에서 인지하고 작업할 수 있게 실행 중)에 표시될 수 있으며, 이에 따라 네트워크 및 하드웨어 리소스가 할당되는 방식도 결정됩니다. 애플리케이션 상태 진행률이 정확하게 표출되지 않으면, 장애가 있는 사용자는 혼란스러워 하거나 프로세스 진행을 완전히 포기할 수 있습니다. 느리거나 응답이 없는 애플리케이션으로 인해 60%에 달하는 사용자가 경험을 완전히 포기할 수 있기 때문에 진행률 표시기는 모범 사례로 간주됩니다.[4]

◉ 모달, 툴팁, 팝업을 과도하게 사용하지 않기

모달(현재 페이지에 중첩되어 위로 나타난 대화 상자), 툴팁(말풍선), 팝업은 일반적

---

4   www.appdynamics.com/media/uploaded-files/mobileapp.pdf

으로 페이지의 특정 부분으로 사용자의 주의를 끌거나 작업을 유도하는 데 사용합니다. 사용 사례로는 타사의 결제 흐름, 오류 대화 상자, 마우스오버/클릭 시 표시되는 도움말 텍스트 등이 있습니다. 이러한 요소와 관련된 접근성 문제를 정리합니다.

(1) 과다 사용 시 인지적 과부하

(2) 페이지 콘텐츠의 일부가 가려져서 페이지 작업 불가능

(3) 올바르게 처리하지 않은 경우 키보드 트랩(키보드 사용자가 키보드만으로 제어하는 상호 작용 요소나 컨트롤에서 포커스를 이동할 수 없을 때)

◑ 접근성은 좋은 디자인을 절대 방해하지 않습니다

좋은 디자인은 접근성이 뛰어납니다. 접근성 원칙과 패턴에 익숙하지 않은 디자이너는 시각적으로 더 매력적으로 보이는 것을 선호하여 접근성 디자인을 뒤로 미룰 수 있습니다. 다음 쪽에는 시력 상실이나 색맹이 없는 사람에게 더 미니멀하고 미적으로 보기 좋을 수 있는 디자인(그림 4-4)과 접근성이 더 높은 디자인(그림 4-5)의 두 가지 예가 있습니다. 모든 사람에게 적합한 아름다운 인터페이스를 만들 수 있는 방법은 항상 있다는 것을 기억하세요.

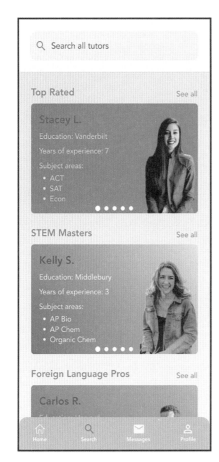

그림 4-4. 익숙하지 않은 눈에는 미니멀하고
미적으로 만족스러운 것으로 오해할 수 있는
제한된 색상 팔레트가 있는 모바일 화면

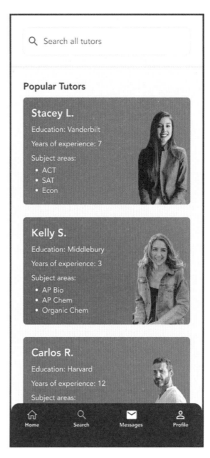

그림 4-5. 충분한 색상 대비를
제외하고는 이전과 동일한 콘텐츠가 있는
모바일 화면

● 결과물에 표현된 다양한 사용 사례

디자이너가 개발팀에 디자인 파일이나 구현용 규격을 제공할 때, 위의 질문을 고려
한 다양한 사용 사례가 해당 결과물에 반영되게 해야 합니다. 이는 엔지니어가 나중에
코드를 리팩터링(외부 사용자 화면은 그대로 두면서 내부 논리나 구조를 개선하는 유
지보수)할 필요가 없도록 할 뿐만 아니라 품질보증 스크립트 기반 테스트나 사용 동작

기반 테스트(팀 프로세스의 일부인 경우)의 기초로 사용할 수도 있습니다.

또한 페이지의 제목, 구성요소의 상대적 중요도, 초점 순서를 명확하게 표시하면 제품, 디자인, 엔지니어링 전 영역에서 기능에 대한 이해가 더욱 깊어집니다.

● 디자인 플러그인

이런 플러그인은 디자인과 엔지니어링의 교차 지점에서 도움을 줍니다. 많은 디자인 도구에는 색상 대비, 항목 레이블 등을 테스트하는 데 도움이 되는 접근성 플러그인이 함께 제공됩니다. 일관된 색상 팔레트와 접근성을 고려하여 구축된 중앙 디자인 구성요소를 사용하면, 인터랙션 디자인과 같이 더 복잡한 문제에 시간을 할애할 수 있습니다.

디자인 도구는 이미 동적 사용자 흐름, 다양한 상태 변경, 디바이스 크기, 우발 상황을 고려하여 사실적인 프로토타입을 제작할 수 있습니다. 이러한 도구가 더욱 정교해짐에 따라 디자인 단계에서 자동화된 검사를 추가하여 접근성 기대치와의 격차를 파악하면 접근성 개발 주기를 더욱 짧게 할 수 있습니다.

엔지니어링

포용적 디자인은 엔지니어링 단계에서부터 기능적인 애플리케이션으로 변환될 때만 효과적입니다. 훌륭한 엔지니어링팀의 역할은 단순히 설계대로 구현하는 것이 아니라 문제점 발견, 검증 및 기술설계 프로세스에 적극적으로 참여하는 것입니다.

엔지니어는 새로운 소프트웨어 버전 및 도구, 변화하는 업계의 개발 트렌드를 파악할 수 있는 가장 좋은 위치에 있습니다. 또한 자동화된 테스트를 작성하고 테스트 결과를 팀의 디자이너에게 전달하여 문제를 최대한 신속하게 해결할 수 있는 방법을 구축할 책임이 있습니다.

또한 엔지니어는 맞춤형 디자인 플러그인을 구축하여 디자인 업스트림(UI로 구현

되기 이전의 제품 구현요소)에서 접근성 격차를 발견하는 더 바람직한 작업을 수행할
수도 있습니다.

◉ 의심스러운 경우 시스템 기본값 사용

엔지니어는 운영 체제의 기본값과 일반적인 동작 패턴에서 벗어난 것을 발견하면
그 이유를 확인합니다. 기본값을 고수하는 것이 사용자에게 더 좋을 뿐만 아니라(위의
디자인 섹션에서 설명한 것처럼) 팀의 코드 유지 관리에서도 작업 분량을 축소합니다.

◉ 엔지니어링 관행

엔지니어링팀은 일반적으로 테스트 커버리지, 코드 품질 및 테스트 패러다임에 관
한 모범 사례를 따르는 경우가 많습니다. 로컬 개발자 환경과 팀 워크플로우, CI(지속
적 통합 환경)에 접근성 테스트를 수행하면 향후 많은 시간을 절약할 수 있습니다. 몇
가지 구체적인 작업 항목을 나열합니다.

(1) 디자인/UI 구성요소의 플랫폼화 – 중복되거나 유사한 UI 요소를 식별하고
접근성이 내장된 중앙 구성요소로 대체합니다.

(2) 각 개발자의 IDE(통합 개발 환경)에 일관된 린터(번역자 주: Linter, 버그가
날 수 있을 만한 코드, 스타일 오류, 의심스러운 구조 등을 찾아서 잡아주는
도구)를 추가하여 개발자가 코딩하는 동안 실시간으로 중앙 UI 구성요소와
모범 사례에 대한 알림을 받을 수 있도록 합니다.

(3) 코드 검토 및 병합 프로세스의 일부로 로컬 개발 환경 또는 CI에서 실행되는
최소한의 주요 사용자 흐름을 다루는 자동화된 테스트를 작성합니다.

(4) 가능한 한 로컬라이제이션 된 문자열(다른 언어의 텍스트) 또는 가변 길이
콘텐츠가 있는 확장 가능한 뷰(View, 화면 처리)를 만듭니다.

고객 경험

고객 경험팀은 특히 보조기술과 함께 사용할 수 있는 기존 및 신규 기능에 대한 온보딩(사용자가 앱을 처음 들어왔을 때 앱에 대한 기본적인 기능을 소개하는 화면), 도움말 페이지, FAQ(자주 묻는 질문) 문서에 대해 제품 관리자와 긴밀히 협력합니다. 고객 경험팀의 역할은 6장에서 다시 자세히 설명합니다.

마케팅

이론적으로 마케팅의 원칙은 위의 제품, 디자인 및 엔지니어링에서 다룬 원칙과 다르지 않습니다. 중요한 차이점은 마케팅팀의 업무가 핵심 컨셉이나 제품지향성 제공을 넘어 접근성을 간과하기 쉬운 대외 소통 영역에 걸쳐 있다는 것입니다. 여기에는 홍보 자료, 배너, 광고, 핵심 컨셉, 제품지향성팀은 물론이고, 거의 통제 불가능한 다른 제품, 회사 및 채널과의 파트너십이 포함됩니다.

마케팅 자료는 핵심 제품의 일부가 아니더라도 브랜드에 매우 중요한 부분이며, 처음 제품을 접하는 많은 고객이 제품을 알게 되는 방식이기도 합니다.

특정 품목 마케팅팀은 다음을 담당합니다.

- 포용적 대외 대응에 대한 타사 마케팅 채널 조사
- 온보딩의 일부로 접근성 기능 강조하기

몇 가지 간단한 팁을 나열합니다.

- 스크린리더가 개별 단어를 식별할 수 있도록 해시태그를 사용합니다. 예를 들어 #ThisIsTheBestProductEver는 #thissisthebestproductever보다 더 접근하기 쉬운 해시태그입니다.

- 접근성 스캐너를 통해 마케팅 캠페인, 특히 정적 페이지를 실행합니다.
- 이메일, 랜딩 페이지, 설문조사 및 기타 채널에서 포괄적인 언어/디자인을 사용합니다.

테스트

자동 및 수동 테스트는 6장에서 더 자세히 설명합니다.

조달라인

SaaS(Software as a Service) 공급업체에 대한 평가 및 조달 기준으로, VPAT(자발적 제품 접근성 템플릿)를 추가하는 것은 자체 개발하지 않은 제품에 대해서도 최소한 접근성 공통 지침을 충족하도록 보장하는 한 가지 방법입니다. 팀마다 자체적인 요구사항이 있을 수 있지만, 이렇게 하면 기본 수준의 접근성을 보장할 수 있습니다.

리더십 및 비즈니스 이해관계자

포용성과 접근성에 대한 경영진의 태도에 따라 회사의 나머지 구성원들이 이를 어떻게 평가하는지가 결정됩니다. 처음에 문제를 해결하는 데 조금 더 많은 시간을 투자하는 것이 나중에 고치는 것보다 비용이 적게 들고, 또한 여러 관련 단체의 소송에 휘말리는 것보다 훨씬 저렴하다는 사실을 이해하면 큰 도움이 될 것입니다.

오랜 기간 제품을 사용해 왔고 접근성에 대해 고민하기 시작한 회사의 경우, 경영진이 올바른 분위기를 조성하고 주제별 전문가를 배치할 책임이 있습니다. 예를 들어 티치 액세스는 비영리 단체로서 업계 전문가, 학자 및 옹호자들이 다양한 접근성 전문가 역할에서 무엇을 찾아야 하는지에 대한 훌륭한 리소스를 제공합니다.

대부분의 팀과 마찬가지로 기술 리더가 주제별 접근성 전문가는 아닐 가능성이 높습니다. 미숙함이 장점이 될 수 있다는 사실을 깨닫는 것은, 경영진이 수용하고 솔선수범할 수 있는 가장 강력한 아이디어입니다. 경영진은 현재 접근성 부재 상태를 그대로 구현하는 대신, 가능한 것에 집중하고 신선한 아이디어를 채택할 수 있습니다. 물론 분야별 전문가를 참여시켜 전방위적으로 공백이 없는지 확인해야 하지만, 분야별 전문 지식이 없다고 해서 무대책으로 일관하는 것이 타당한 변명은 아닙니다.

규정 준수 작업에 사람들이 흥미를 갖도록 하는 것은 쉽지 않습니다. 리더가 포용과 혁신에 깊은 관심을 보인다면 제품팀이 모든 고객의 요구를 진정으로 이해하는 데 필요한 추진력을 발휘할 수 있습니다. 체크리스트 대신 다양성을 고양하기 위한 시작 단계의 몇 가지 이벤트 및 방법을 나열합니다.

(1) 접근성을 중심으로 한 해커톤 개최
(2) 성과 검토 및 채용 기준을 통한 책임성 강화

위의 이니셔티브는 모멘텀을 구축하는 데 유용하지만, 지속 가능한 변화를 위해서는 접근성을 회사의 OKR(목표 및 주요 결과), 승진 기준, 팀 및 평가 방식에 포함시켜야 합니다.

법률, 개인정보 보호 및 보안

보안과 접근성의 교차점에서는 어느 하나를 무시하면 다른 하나가 희생될 수 있으므로 특별한 주의가 필요합니다. 예를 들어 앞의 사용자 흐름처럼 이미지 그리드 위의 문자나 물체를 식별해야 하는 캡차 화면이 포함되어 있는 경우, 시각장애인은 문제를 완료하고 자신이 사람임을 증명하지 못할 수 있습니다. 오디오 캡차 방법을 제공하는 것이 한 가지 대안입니다. 그러나 청각장애 사용자에게는 이 두 가지 방법이 모두 작동하지 않으므로 점자 디스플레이와 함께 작동하는 시스템이 최선의 선택입니다.

또 다른 주의해야 할 문제는 화면에서 사용자의 민감한 정보를 묻거나 표시할 때 발생합니다. iOS와 안드로이드 디바이스 모두 개인정보 보호 모드가 있어 사용자가 화면을 어둡게 만들 수 있습니다. 스크린리더가 켜져 있는 경우 민감한 데이터를 읽기 전에 사용자에게 물어봐야 합니다. 이는 자동차 앱이나 음성 비서 기반 제품에 적용되는 것과 동일한 고려 사항 중 일부입니다.

접근성팀 또는 접근성 컨설턴트

접근성팀이 각 관련 팀의 역할과 책임에 대해 교육하고 권한을 부여하는 작업을 이미 완료한 상태라면 이상적입니다. 접근성팀의 역할은 팀이 놓칠 수 있는 사항, 검사 준비, 더 나은 경험을 위한 혁신에 대해 컨설턴트로서 참여하는 것입니다. 팀을 교육하고 역량을 강화하기 위한 선행 작업에는 다음이 포함됩니다.

● 교육 및 전도

접근성 및 기술 포용성에 대한 기본 지식은 대부분의 대학 또는 전문 커리큘럼에 포함되지 않기 때문에 접근성팀은 신입 사원을 온보딩하고, 기존 팀과 아래 항목에 대해 협력할 수 있도록 이끌어야 하는 책임이 있습니다.

- 역할에 따른 책임 문서화
- 테스트에 보조기술을 사용하는 방법
- 실제 사용자와의 소통
- 제품 개발 워크플로우 미세 조정
- 검사 빈도 및 깊이

◖ 커뮤니티

다양한 제품과 여러 회사의 공통 문제를 해결하는 커뮤니티가 있으며, 커뮤니티 내의 업계 전문가, 학자, 연구자들은 공통의 선을 위하여 같이 협업합니다. W3C(the World Wide Web Consortium), 미국 장애인협회(the American Association of People with Disabilities), 유엔 CRPD(the United Nations CRPD), 티치 액세스(Teach Access) 등의 조직은 방향성 정의, 교육 및 가이드라인 제작 등 다양한 측면에서 활동하고 있습니다. 또한 미국 시각장애인재단(AFB: American Foundation for the Blind)과 같은 국가 차원의 압력 단체나 주 및 지역 차원의 다양한 압력 단체가 제품 개발팀의 훌륭한 파트너가 될 수 있습니다.

이러한 단체와 직접 교류하는 것 외에도 디지털 접근성 컨퍼런스는 아이디어를 교환하고 배울 수 있는 좋은 기회입니다. CSUN (California State University, Northridge) 컨퍼런스, Web4All, AxeCon, GAAD (Global Accessibility Awareness Day) 등이 대표적인 컨퍼런스입니다. 전문 컨퍼런스는 주제별 전문가들 사이에서 해당 분야를 학습하고 공유·발전시키는 데 도움이 됩니다. Google I/O, WWDC, CES(Consumer Electronics Show) 등과 같은 대표 기술 컨퍼런스에서 포용성을 핵심 주제로 다루는 추세는, 제품 개발에 관련된 모든 사람에게 문제 공유 공간을 개방하고 전 세계 청중에게 접근성을 핵심 항목으로 인식시킬 수 있다는 점에서 특히 중요합니다.

◖ 혁신

접근성팀의 가장 중요한 역할은 장애 관련 단체 및 학계와 협력하여, 현 상황에 끊임없이 의문을 제기하고 포용성이 무엇이고 어디까지인지 등의 경계를 넓히는 것입니다. 이를 위한 효과적인 방법 중 하나는 주제별 전문가를 특정 기능 팀에 포함시키거나 그 반대의 경우도 마찬가지입니다. 한 명은 제품 및 제품 설계 방식에 대한 섬세한 지식을 제공하고, 다른 한 명은 장애가 있는 사용자에게 더 나은 서비스를 제공할 수 있는 방법에 대한 뉘앙스 차이나 관점을 제공합니다.

접근성 챔피언/홍보대사

접근성 적용의 초기 단계에 있는 기업은 일반적으로, 구성원 중 개인적으로 자신의 역할 내에서 포용성을 고민하고 지지하는 인원이 있는지를 확인하려 합니다. 접근성에 대한 열정을 가진 사람을 인정하는 것은 다른 구성원들을 격려하는 좋은 방법이지만 종종 의도하지 않은 결과를 초래할 수도 있습니다. 접근성과 관련된 모든 책임을 중앙 접근성팀에서만 가져가는 것이 비생산적인 것과 마찬가지로, 몇몇 홍보대사나 챔피언에게만 책임을 지우는 것도 역시 포용성이 모든 사람의 역할이라는 생각을 고취하는 데 걸림돌이 될 수 있기 때문입니다. 장기적으로는 성과 평가 및 승진 시 기본적인 접근성 요건을 마련하고 해당 분야의 제품 및 프로세스 혁신에 기여한 개인을 인정하고 보상하는 것이 더 지속 가능하고 생산적인 방안입니다.

어디까지 하면 됩니까?

이해관계자, 경영진 또는 기타 의사 결정권자는 "그럼 언제 완료라고 할 수 있나요?"라고 질문할 수 있습니다. 정답은 제품 개발 또는 제공을 중단하는 시점입니다.

그렇다고 팀에 마일스톤과 결과물이 없어야 한다는 뜻은 아닙니다. 세계적인 수준의 제품이 시간이 지남에 따라 진화하는 것처럼 포용성을 포용하는 방식도 진화해야 한다는 뜻입니다.

규정 준수 확인란을 체크하고 검사를 하는 것은 끝났지만 제품을 더욱 포용적으로 만들기 위한 노력을 멈출 수는 없습니다.

- 검사는 경험적으로 어떤 부분이 잘 작동하고 어떤 부분이 개선이 필요한지 전체적으로 파악할 수 있는 좋은 방법입니다. 대규모로 분산된 팀에서 철저한 검사를 통해 얻을 수 있는 또 다른 이점은 제품을 팀별로 나눠서 구현하는 방식이 아니라 사용자의 관점에서 제품을 평가할 수 있다는 것입니다.

- 검사 보고서를 받은 후 변화를 주도하는 가장 효과적인 방법은 계층적 접근 방식을 취하는 것입니다.

- 사용자 주요 흐름의 일부인가? 사용자 주요 흐름의 사소한 문제는 일반적인 사용자 흐름에서의 중요한 문제보다 우선순위가 높아야 합니다.

- 어떤 문제가 접근성 차단 역할을 하는가? 그렇다면 1단계보다 우선하여 처리합니다.

- 필요한 변경 사항을 '시각적 디자인 변경 필요 없음'과 '시각적 디자인 변경 필요'로 구분합니다. 후자를 해결하는 데 시간이 더 걸릴 가능성이 높습니다.

- 이러한 접근성 문제가 일반 구성요소를 활용하여 더 잘 해결할 수 있는 시스템적 문제인지 확인합니다.

- 대부분의 접근성 관련 논의는 디자이너에게 책임을 전가하는 것으로 정리되는 경향이 있지만, 경험상으로 볼 때 이런 문제는 전체 개발 과정을 점검하는 것이 필요합니다.

- 오히려 제품 관리자가 모든 책임을 져야 합니다.

- 사용자 연구는 동질적인 경험을 가진 사용자 중심으로 설계되거나 디자이너와 개발자의 관점에서만 설계되지 않았는지 확인합니다.

- 제품 및 프로젝트 관리자는 일반적으로 다양한 분야와 소통하기 때문에, 접근성 처리 방식이나 태도를 개선하려는 기업을 '접근성 챔피언'으로 만들 수 있는 가장 좋은 위치에 있습니다.

- 접근성 디자인에 있어서는, 사용자의 요구와 첫 번째 원칙들(1장에서 제시된 접근 가능한 데이터 시각화 사례 연구)에서 출발하는 것이 단순하게 기존의 규칙을 따르는 것보다 더 나은 경우가 많습니다.

- 확실하지 않은 경우 표준 패턴을 사용하여 사용자가 기대한 결과값에 불필요한 혼란을 주지 않도록 하세요.

- 사용자 맞춤형 지정 경험을 가급적 지양합니다(모든 보조기술이 애플리케이션에서 자동 감지되는 것은 아니며 이러한 병렬 지원 환경을 유지하는 데는 많은 시간이 소요됩니다).

- 훌륭한 엔지니어링팀은 단순히 설계대로 구현하는 것이 아니라 문제점 발견, 검증 및 기술 설계 프로세스에 적극적으로 참여하는 것입니다.

- 로컬 개발자 환경과 팀 워크플로우, CI(지속적 통합)에 접근성 테스트를 통합하면 향후 많은 시간을 절약할 수 있습니다.

- 마케팅팀은 포용적 대외 대응을 하는 타사의 마케팅 채널 조사하며, 온보딩의 일부로 접근성 기능을 강조하고 회사의 여러 조달 라인에서 접근성 기능을 강조할 책임이 있습니다.

- 리더십은 올바른 분위기를 조성하고 주제별 전문가를 배치할 책임이 있습니다. 리더가 포용과 혁신에 깊은 관심을 보인다면 제품팀에 필요한 모멘텀을 구축할 수 있습니다.

- 접근성팀의 임무는 팀이 놓쳤을 수 있는 사항, 검사 준비, 더 나은 경험을 위한 혁신에 대해 컨설턴트로서 개입하는 것입니다.

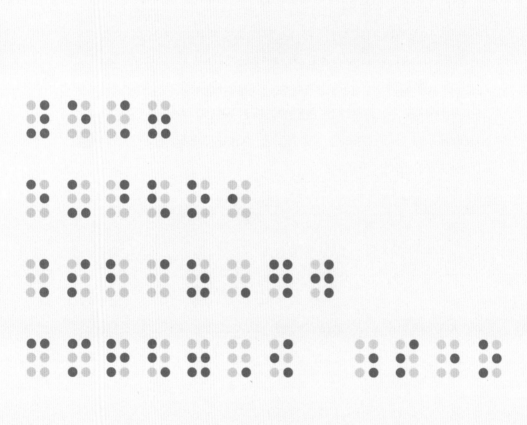

제5장

모바일 접근성에서의 뉘앙스 처리

1장에서는 플랫폼으로서 모바일의 중요성과 모바일 접근성을 까다롭게 만드는 요인에 대해 이야기했습니다. 이 장에서는 주요 과제와 이를 해결하기 위한 방법을 다룹니다.

제한된 문서 및 지침

웹 접근성 가이드라인과 디자인 및 구현 기술은 기존 접근성 문헌에서 광범위하게 다루고 있습니다. 대부분의 문헌 규정에서 그 기초가 되는 WCAG 2.0 표준은 2008년에 발표되었습니다. WCAG 2.0에서 확장된 모바일 대응 매핑은 2010년 작성된 일련의 지침을 바탕으로 2015년에 마지막으로 발표되었습니다. EU와 같은 일부 지역에서는 2018년 발표된 WCAG 2.1이 공식 권장 규격으로 채택되어 있고, EU 회원국이 유럽위원회에 WCAG 2.1의 레벨 AA 준수 여부를 2021년 9월까지 보고해야 하는 첫 번째 마감이 있었습니다.

첫 번째 마감으로 웹 접근성 원칙과 기본 사항은 모든 기기에 적용되지만 모바일에 특화된 문제는 해결하지 못하고 있습니다. 2025년까지 전체 인터넷 사용자의 72%가 모바일 디바이스만을 사용하여 웹을 액세스할 것으로 예측되는 모바일 퍼스트(mobile first) 세상에 살고 있다는 점을 고려할 때 모바일 문제는 매우 중요합니다.[1]

빠르게 진화하는 모바일 환경은, 이러한 가이드라인의 문서화보다는 모바일 자체의 시장 채택 속도를 앞지르고 있습니다. WCAG 3 규격 개정 중임으로 모바일을 포함한 플랫폼이 보다 미래지향적인 접근성, 포용성 방식에 가까워질 것입니다. 그동안 우리는 무엇을 해야 할까요?

---

1   WARC(World Advertising Research Centre)의 예측에 따름

제품팀은 안드로이드[2] 및 iOS[3] 접근성에 대한 플랫폼별 가이드라인에 따라 작업할 수 있습니다.

하지만 앞서 설명한 것처럼 가이드라인은 기본 요건일 뿐입니다. 사용자와 대화하고 그들의 요구사항과 제품 사용 방식을 이해해야 합니다. 이를 통해 그 어떤 가이드라인보다 더 나은 결과를 얻을 수 있습니다.

세분화

모바일이라는 용어에는 휴대폰, 태블릿, 웨어러블 및 일부 사물 인터넷(IoT) 디바이스가 포함되며, 가장 대표적인 것은 스마트폰입니다.

휴대폰만 고려하더라도 모바일 웹(휴대폰 브라우저에서 실행되는 웹사이트), 위젯 및 모바일 애플리케이션을 고려해야 합니다. 그리고 사용자 경험, 디자인 패러다임, 도구 환경 측면에서 완전히 다르지만 가장 일반적인 운영 체제인 안드로이드와 iOS가 있습니다. 다음 단계의 세분화는 시장의 다양한 화면 크기, 디바이스 구성 및 OS 버전에서 비롯됩니다. 이러한 개별 기기에서 운영 체제의 무결성을 구축하고 일관된 브랜드 경험을 설계하는 것은, 훌륭한 제품과 그렇지 않은 제품을 구분하는 요소 중 하나입니다.

iOS와 안드로이드에는 서로 다른 접근성 설정이 있어 이미 세분화된 모바일 생태계를 더욱 복잡하게 합니다. 예를 들어 iOS에서는 스크린리더(VoiceOver)가 로터를 사용하여 스와이프 동작의 기능을 정의하는 반면, 안드로이드에서는 위아래로 스와이프

---

2   https://developer.android.com/guide/topics/ui/accessibility
3   https://developer.apple.com/design/human-interface-guidelines/accessibility/overview/introduction/

합니다. 다행스러운 점은 이러한 접근성 설정은 OS 기준 규격을 따르는 한, 개발자는 별도 구분 없이 기능 구현이 가능하며, 단순히 사용자 맞춤형 제스처를 처리할 때만 구분된 작동을 한다는 것입니다.

모바일 웹만 고려하더라도 동일한 운영 체제의 브라우저마다 보조기술이 다르게 작동합니다. 물론 모바일 이외의 웹사이트에서도 마찬가지입니다. 개발자가 특정 스크린리더에서 사이트가 작동하도록 개발 지침을 따라 구현하더라도, 다른 브라우저와 스크린리더의 조합이 해당 지침을 준수한다는 보장이 없습니다. 요컨대, 접근성 API는 상호 운용이 불가능하기 때문에 애플리케이션을 작성하고 테스트하는 것이 팀에게는 다소 지루한 작업이고 사용자에게는 고통스러운 경험이 됩니다.

세분화의 다른 원인, 즉 잠재적으로 각기 다른 사용자 경험을 제공하는 원인은 다음과 같습니다.

- 휴대폰 모델의 메모리
- 배터리 수명
- 네트워크 가용성 및 속도
- 데이터 사용량

또한 이런 시장 세분화 때문에 다양한 디바이스 및 구성 조합에 대한 수정 사항을 완료 후 테스트 하거나 확인하지 않고 미리 설계 및 개발에 투자해야 하는 것이 중요합니다.

더 작은 화면 크기와
상충되는 지침

참고로 시중에 나와 있는 뷰포트(Viewport, 현재 화면에 보이는 다각형, 보통 직사각형의 영역) 너비의 범위는 320픽셀(아이폰 5)부터 일부 태블릿의 경우 1000픽셀[4] 이상까지 다양합니다.

터치스크린 디바이스의 제한된 화면 공간으로 인해 가이드라인이 상충되는 경우가 발생할 수 있습니다. 예를 들어 운동장애가 있거나 부분 시력을 가진 사용자가 구성요소를 불편 없이 활성화할 수 있도록 탭 타깃을 크게 설정하는 것이 좋은 사례로 간주됩니다. 또 다른 가이드라인은 시각장애인을 위해 양방향 스크롤(가로 및 세로)을 피하는 것입니다. 추가 가이드라인으로 첫째, 콘텐츠의 시각적 표현은 시각장애인과는 무관합니다. 둘째, 콘텐츠 간격이 넓거나 뷰포트 영역 밖으로 나가면 번거로워지거나 때로는 탐색이 불가능하게 됩니다.

배율을 높일 때 한 방향으로만 확장되도록 하는 UI 구성요소는 사용자 지정을 통해 충돌을 해결하는 방법이 있습니다. 표나 캐러셀(Carousel, 슬라이드쇼와 같은 방식으로 콘텐츠를 표시하는 UX 구성요소) 등의 경우는 더 까다로우므로 다음 중 하나로 해결하는 경우가 많습니다.

(1) 표의 내용을 축약하여 더 많은 열을 허용합니다.
(2) 사용자가 가로 모드로 전환하여 더 많은 공간을 확보할 수 있도록 합니다. 추가사항은 모바일 상세 내용을 확인하길 바랍니다.

---

4   https://mediag.com/blog/popular-screen-resolutions-designing-for-all/

웨어러블 디바이스는 1.5~1.7인치의 작은 뷰포트를 통해 이러한 문제를 완전히 새로운 차원으로 전환합니다.

방향

가로 및 세로 방향을 모두 지원하면, 가로 스크롤하는 구성요소에 도움이 될 뿐만 아니라 휠체어나 책상에 휴대폰을 장착해야 하는 운동장애가 있는 사람들이 본인에게 편리한 방향으로 디바이스를 사용할 수 있습니다. 세션 간에 방향 설정을 유지하고 세션 도중에 방향을 전환할 때 현재 페이지에서 사용자의 위치를 유지하는 것이 가장 좋은 경험입니다.

안드로이드 애플리케이션에서는 페이지 수명 주기의 이벤트 처리를 통하여 원활한 전환을 지원하지 않으면, 방향 변경 시 페이지 새로 고침으로 트리거될 수 있습니다. 이를 위해서는 활동별로 저장된 인스턴스(실행 중인 프로세스에서 생성된 명령 객체)와 관련된 메소드(객체 지향 프로그래밍에서 객체와 관련된 서브 함수)를 재정의해야 하며,[5] 양식 및 스크롤 가능한 콘텐츠의 경우 특히 주의를 기울여야 합니다.

출시 주기 및 롱테일 채택

포용적 디자인 및 개발에 선행 투자를 해야 하는 또 다른 큰 이유는 모바일 애플리케이션의 출시 방식에서도 찾을 수 있습니다. 즉시 업데이트할 수 있는 웹사이트와 달리

---

[5]   https://developer.android.com/guide/topics/resources/runtime-changes

모바일 애플리케이션은 애플리케이션 스토어(안드로이드의 경우 플레이스토어, iOS의 경우 앱스토어)를 통하여 승인 및 배포되기까지 사용자 기준으로는 몇 시간에서 며칠이 걸릴 수 있습니다.

다음 단계는 사용자가 자동 업데이트를 선택하지 않은 경우에도 새 버전의 다운로드를 허용하는 것입니다. 즉, 심각한 버그를 가진 앱 버전을 완전한 교체하기까지 오랜 시간(때로는 몇 년)이 걸립니다. 강력한 테스트 처리안 및 모바일용 CI 통합 등으로 접근성 구현 과정을 통합하는 것이 문제를 소급하여 수정하는 것보다 훨씬 낫습니다.

햅틱 및 기타 센서

웹사이트 디자인은 정보를 전달하기 위해 시각적 및 청각적 피드백을 사용해야 합니다. 모바일 사용자 경험 디자이너는 햅틱 피드백도 고려해야 합니다. 일반적으로 사용자 모두는 진동이 있는 문자 메시지/전화 알림에 익숙합니다. 진동은 사용자의 주의를 끌 수 있는 보조적인 방법이지만, 청각장애 사용자가 휴대전화를 보지 못하는 상황에서 전화가 걸려왔다는 것을 알 수 있는 유일한 방법입니다. 또한 입력 오류와 같은 중요한 정보의 알림을 강화할 수 있는 훌륭한 보조 방법입니다.

그러나 햅틱을 사용하면 인지장애 사용자에게 감각 과부하를 일으키며, 또한 손 떨림이 있는 사용자에게 불편함을 줄 수 있다는 점에 유의해야 합니다. 햅틱 피드백의 취소 기능과 알림 기본 설정을 세부적으로 조정할 수 있는 사용자용 설정 옵션이 있어야 합니다.

데이터 사용량

앞서 설명했듯이 데이터 요금제, 네트워크 가용성, 하드웨어 제한은 이미 세분화된 모바일 생태계에 여러 계층의 복잡성을 추가합니다. 네트워크 리소스를 효율적으로 사용하면 고사양 디바이스의 지연과 랙(Lag, 연결 디바이스 간의 통신 지연)을 줄일 수 있을 뿐만 아니라 저사양 디바이스에서도 사용 가능한 경험을 제공할 수 있습니다. 데이터 사용량을 염두에 두고 앱을 구축할 때는 아래 항목들을 고려합니다.

> (1) 네트워크 오류 상태를 고려한 설계인가?
> (2) 네트워크를 사용할 수 없는 경우, 로컬 디바이스 스토리지를 사용하는 것이 합당한가?

양방향 스크롤링

세로로 스크롤할 수 있는 페이지에서 이미지나 카드의 캐러셀을 본 적이 있을 것입니다. 거동이 불편한 사람은 터치스크린 디바이스에서 제스처를 수행하면 의도하지 않은 동작이 발생할 수 있습니다. 확대 또는 큰 크기의 텍스트를 사용하는 사용자에게는 콘텐츠를 양방향으로 읽는 것이 훨씬 더 번거롭습니다. 이러한 효과는 그림 5-1에서 볼 수 있듯이 모바일 디바이스의 제한된 화면 공간으로 인해 더욱 복잡해집니다.

그림 5-1. 가로 및 세로 스크롤 콘텐츠가 있는 모바일 화면

이제 애플리케이션의 모바일 퍼스트 기능과 각 기능의 물리적 및 디지털 경험의 접근성을 높이는 방법에 대한 몇 가지 사례를 살펴보겠습니다.

사례 연구: 실내외에서 길 찾기

실제 사용자 환경에서 길 찾기 또는 내비게이션을 지원하는 것은 접근성 분야 내에서 관심을 많이 받고 있습니다. 스마트폰은 단계별 안내, 거리 뷰 및 기타 다양한 도구를 손끝에서 사용할 수 있어 길 찾기가 그 어느 때보다 쉬워졌습니다. 그러나 장애가 있는 거의 모든 사용자는 A 지점에서 B 지점으로 안전하고 효율적으로 이동하는 데 어려움을 겪습니다. 보행자 내비게이션의 몇 가지 문제와 스마트폰이 이러한 문제를 해결하는 데 어떻게 도움이 되는지 살펴보겠습니다.

스크린리더는 시각장애인에게 단계별 안내를 음성으로 전달할 수 있습니다. 이는 문제의 효율성 부분을 해결합니다. 그럼에도 장애물과 교통 체증을 피하여 안전하게 이동하려면 사용자는 주변 환경에 대한 더 많은 정보가 필요합니다.

코로나19 기간 동안 미국 질병통제예방센터가 권장하는 약 183cm 거리를 유지하는 것은 시각장애인에게 특히 어려웠습니다.[6] 다른 사람들을 건강 위험에 빠뜨릴 뿐만 아니라 시각장애인이 앞을 보지 못한다는 사실을 모르는 다른 사람들에게 불쾌감을 줄 수 있는 위험에 노출되기 쉬웠습니다.

사용자가 변화한 거리나 열린 공간에 있을 때도 같은 원칙이 적용됩니다. 스마트폰 카메라와 이미지 인식을 위한 온디바이스 머신러닝은 네트워크 연결 없이도 주변 사물에 대한 인식과 알림을 가능하게 합니다. 이러한 알림은 음성 명령, 햅틱 피드백 또는 이 두 가지를 결합한 형태로 제공될 수 있습니다. 이제 아이폰과 같은 디바이스에는 다가오는 교통 상황과 장애물을 정확하게 알려주는 LIDAR(Light Detection And Ranging, 빛 감지 및 거리 측정) 센서도 함께 제공됩니다.

한 가지 주의할 점은, 이러한 강력한 카메라와 센서는 2022년 수준에서 고급형 휴대폰에서만 사용할 수 있기 때문에 많은 사람들이 경제적으로 접근하기 어려울 수 있다는 것입니다.

---

6   https://iovs.arvojournals.org/article.aspx?articleid=2775975

사례 연구: 플로팅 액션 버튼

플로팅 액션 버튼(FAB, Floating Action Button)은 구글의 머티리얼 디자인 (Material Design) 가이드라인의 일부로 도입되었습니다. 그림 5-2는 플로팅 액션 버튼을 보여주는 스크린숏입니다.

그림 5-2. 플로팅 액션 버튼이 있는 모바일 화면

FAB는 화면에서 기본 동작을 트리거하여 쉽게 도달할 수 있는 항목(오른쪽 하단, 오른쪽 엄지손가락에 가장 가까운 위치)을 제공하는 데 사용됩니다. 비시각장애인 사용자 경우는 머티리얼 디자인 가이드라인에 따라 FAB가 화면에서 가장 눈에 잘 띄는 위치에 배치되므로 화면에서 가장 높은 곳에 위치합니다.

화면 요소를 스와이프 하거나 탭 해야 하는 스크린리더 사용자는 무한 음성재생 경우처럼 FAB에 읽기 마지막 순서로 도달하거나 아예 도달하지 못하는 경우도 있습니다. 부분 시력 사용자의 경우 스크롤을 통해 숨겨진 콘텐츠를 볼 수 있기 때문에 이런 문제의 발생 빈도가 낮을 수 있으나, 콘텐츠의 일부만 표시되므로 또 다른 문제가 발생할 수 있습니다. 그림 5-3에 표시된 것처럼 스크린리더 사용자를 위해 이 문제를 해결하는 두 가지 방법이 있습니다.

(1) 먼저 FAB에 사용자 포커스를 맞춘 후 화면 상단의 다른 요소에 포커스를 맞추도록 포커스 순서를 변경합니다.
(2) 스크린리더를 사용하는 경우 FAB 동작을 화면 상단으로 이동합니다.
    a. 포커스 순서와 시각적으로 일관성을 유지합니다.
    b. FAB 아래에 콘텐츠를 숨기지 마십시오.

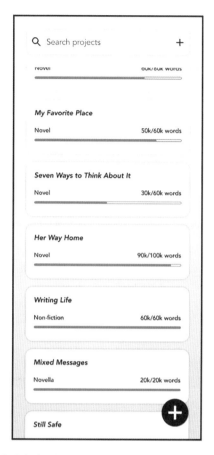

그림 5-3. 플로팅 액션 버튼이 있는 모바일 화면과 툴바에 동일한 액션이 있는 화면

사례 연구: 의도된 임시 경험

의도된 임시 경험(Ephemeral Experiences)이란 의도적으로 짧게 노출하고 사라지는 콘텐츠 또는 서비스 경험을 말합니다.

인스타그램의 월간 스토리 사용자는 5억 명 이상이며, 가장 많이 조회되는 스토리 중 1/3은 기업이 만든 것입니다.[7] 스냅챗의 월간 사용자는 4억 명 이상입니다.[8]

임시 경험은 사람들과 기업이 서로 소통할 수 있으며, 짧고 강렬한 기억을 남기는 좋은 방법이지만, 접근성에는 여러 가지 문제가 있습니다. 가구 매장에서 판매 품목에 대해 게시한 스토리의 일부인 다음 사진 및 동영상 시리즈를 예로 들겠습니다(그림 5-4 및 5-5).

그림 5-4. 스토리 형식의 임시 콘텐츠가 포함된 모바일 화면. 현재 포커스는 네 가지 항목 중 첫 번째 이미지입니다.

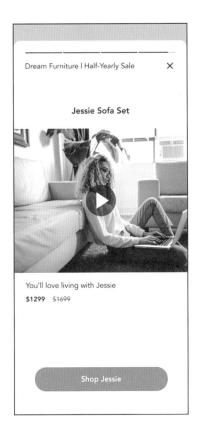

그림 5-5. 네 개의 항목이 있는 스토리 형식의 임시 콘텐츠가 있는 모바일 화면. 현재 포커스는 마지막 항목인 비디오입니다.

---

7   https://business.instagram.com/

8   www.statista.com/statistics/626835/number-of-monthly-active-snapchat-users/

겉으로 보기에 이러한 스토리는 3장에서 설명한 UI 구성요소인 이미지, 텍스트 및 비디오의 모음일 뿐입니다. 이제 이러한 형식의 임시 콘텐츠가 표준 UI 구성요소와 다른 점은 무엇이며, 사용자 경험 측면에서 어떤 부분에 주의해야 하는지 살펴보겠습니다.

(1) 각 스토리 항목은 몇 초 동안만 표시되므로 인지장애 사용자가 콘텐츠를 이해하고 사용하는 데 어려움이 있습니다.

스토리를 시청할 때 콘텐츠에 시간제한이 있으면 불안장애나 ADHD와 같은 인지장애인은 콘텐츠를 이해하기 어렵거나 불가능합니다.[9] 따라서 플랫폼에서는 사용자가 콘텐츠를 일시 정지하고 추가 시간을 가질 수 있도록 탭 하거나 길게 누를 수 있는 방법을 제공해야 합니다. 이러한 기능은 콘텐츠에 설문조사나 퀴즈와 같은 상호 작용 요소가 포함된 경우에 더욱 중요합니다.

(2) 콘텐츠의 시각적인 인지가 중요하여 시력이 완전히 또는 부분적으로 상실된 사용자가 접근하기 어려운 경우

이러한 콘텐츠의 대부분은 사용자 생성 콘텐츠입니다. 즉 개인 또는 기업이 플랫폼에 직접 콘텐츠를 업로드하게 되므로 동영상 및 이미지의 라벨이나 캡션/음성 설명을 추가하지 않고 있습니다. 콘텐츠 제작자에게 업로드 시 이미지와 동영상에 대체 텍스트를 추가할 수 있는 도구를 제공하는 것은 포용성을 높이는 좋은 방법입니다. 또 다른 옵션으로, 이미지 인식 및 ASR(Automatic Speech Recognition, 자동 음성 인식)을 사용하여 레이블이 없는 이미지에 레이블을 지정하고 동영상에 캡션을 지정하는 것입니다.

---

9   www.cdc.gov/ncbddd/adhd/facts.html

임시 경험 콘텐츠가 아니더라도 위와 같이 멀티모달 항목을 가진 스토리를 이미지/동영상 목록으로 제시할 때도 여전히 여러 차원의 문제가 발생합니다. 스토리에 포함된 콘텐츠의 맥락과 스토리 내 콘텐츠 항목 수를 파악하는 것이 거의 불가능하기 때문입니다. 여러 항목이 있는 스토리의 경우 스토리의 제목을 지정하여 사용자가 다음 화면 요소로 넘어가기 위해 스토리의 모든 항목을 살펴볼 필요가 없도록 합니다. 추가 설명을 하면, 스토리 제목에는 모든 관련 세부 정보가 포함되어야 합니다. 예를 들어, "세일 품목 스토리가 있는 가구 앱", "이미지 4개, 동영상 1개" 등이 표현되어야 합니다.

이미지 레이블, 캡션 및 오디오 설명을 추가하면 스토리 제목 작성에 몇 가지 단계가 더 추가됩니다. 이를 통해 비즈니스와 크리에이터는 제작 비용에 매몰되지 않고 도달 시장을 확장하여 더 큰 수익을 거둘 수 있으며, 다른 제품과·차별화할 수 있는 기회를 얻게 되므로 포용적인 브랜드로서의 평판을 강화할 수 있습니다. 이러한 처리는 크리에이터에게 다른 방법으로는 도달할 수 없는 수백만 명의 장애를 가진 소외된 사용자와 소통할 수 있는 기회를 제공할 뿐만 아니라 여러 가지 다른 이점을 제공합니다. 최근 연구에 따르면 Z세대 참여자의 70%가 포용성이 높은 브랜드를 더 신뢰한다고 답했으며, 이는 구매 습관으로 직결됩니다.[10] 3장에서 설명한 것처럼 라벨과 캡션은 SEO(search engine optimization, 검색 엔진 최적화)에도 도움이 됩니다. 물론 이러한 이점 중 상당수는 단기간에도 정량화할 수 있습니다. 플랫폼은 이러한 데이터를 널리 공개함으로써 크리에이터가 포용적인 콘텐츠 처리 방안을 수용하도록 장려할 수 있습니다.

시청자를 고려할 때와 마찬가지로, 스크린리더와 키보드 액세스를 위한 적절한 레이블, 그룹, 제목 구조가 있는 크리에이터 도구를 사용하면 시각장애/운동장애 사람들

10　https://advertiseonbing-blob.azureedge.net/blob/bingads/media/insight/whitepapers/2020/07-july/inclusive-marketing/microsoft-advertising-whitepaper-the-psychology-of-inculsion-and-the-effects-in-advertising-gen-z-final.pdf?s_cid=en-us-gct-web-src_contributor-sub_oth-cam_hubspot

이 시청자와 소통하고 독립적으로 업무를 수행할 수 있습니다(예: 마케터).

    (3) 길게 누르기 또는 스와이프와 같은 사용자 맞춤형 제스처는 운동장애 사용자에게 어려울 수 있습니다.

예를 들어 동영상을 탭 하면 의도치 않게 사운드가 켜질 수 있습니다. 시선 추적 장치, 키보드 또는 거치형 디스플레이를 사용할 수 있는 사용자의 경우 이러한 상호 작용에 키보드로 액세스할 수 있는지 확인하는 것이 중요합니다.

구현

스토리 콘텐츠는 결국 새로운 형식으로 제공되는 이미지, 텍스트 상자, 양식 요소 및 비디오의 목록일 뿐입니다. 스토리 콘텐츠가 임시 경험이든 아니든 이에 레이블을 할당하고 캡션을 추가하거나, 요소의 계층 구조에 맞게 제목 구조를 추가하는 등의 기술적 구현은 동일합니다.

또한 개발팀은 애플리케이션에서 사용자 맞춤형 설정을 가능하게 하여 목록 기반의 스토리를 제공함으로써 경험을 한 단계 더 발전시킬 수 있습니다.

- 자세히 알아보기/구매 링크 버튼
- 퀴즈 및 설문조사를 위한 텍스트 상자와 같은 표준 입력 구성요소
- 캡션에 대해 선택한 글꼴 크기

콘텐츠는 24시간 또는 다른 기간 후에 만료된다는 점에서 여전히 임시적이지만, 위와 같은 화면 보기에서는 사용자가 특별한 제스처 없이 자신이 선택한 보조기술을 사용하여 자신의 속도에 맞춰 스크롤하거나 탭할 수 있습니다. 그림 5-6과 5-7은 가구 앱 판매 스토리의 예시를 보여줍니다.

그림 5-6. 스토리의 동일한 콘텐츠가
카드로 표시된 모바일 화면의 첫 번째

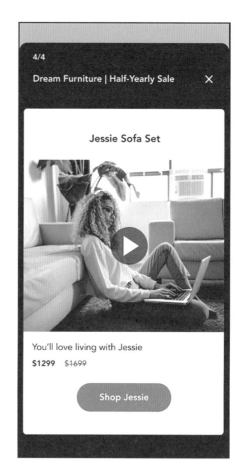

그림 5-7. 스토리의 동일한 콘텐츠가
카드로 제공되는 모바일 화면의 마지막

◗ 요약

- 대부분의 접근성 가이드라인에 대해, 기초 개념이 되는 WCAG 2.0 표준은 2008년에 발표되었습니다. WCAG 2.0에서 확장된 모바일 대응 매핑은 2010년 작성된 일련의 지침을 바탕으로 2015년에 마지막으로 발표되었습니다. 그 이후로 안드로이드와 iOS 운영체제 각각에 대하여 최소 7개의 새로운 규격 버전이 출시되었습니다.

- 모바일 환경이 빠르게 발전함에 따라 이러한 가이드라인의 문서화 및 시장의 채택 속도가 빨라졌고, 더불어 플랫폼 개별 문서화도 함께 발전했습니다.

- 안드로이드 및 iOS 접근성에 대한 플랫폼별 문서는 기본 프레임워크를 제공합니다. 하지만 사용자와 인터랙션을 하고 사용자의 요구사항을 이해하는 것이 더 중요합니다.

- iOS와 안드로이드에는 서로 다른 접근성 설정이 있어, 이미 세분화된 모바일 생태계에 복잡성을 더하고 있습니다. 또한 이런 세분화가 오히려 다양한 디바이스와 구성 조합에 대한 수정 사항을 재확인 및 재점검해야 하는 문제로 커지기 전에 디자인과 개발에 미리 투자해야 하는 큰 이유가 됩니다.

- 포괄적 디자인과 개발에 미리 투자해야 하는 또 다른 이유는 모바일 애플리케이션이 출시되는 방식에서도 찾을 수 있습니다. 심각한 버그를 가진 앱 버전을 완전한 교체하기까지 오랜 시간(때로는 몇 년)이 걸립니다. 강력한 테스트 처리안 및 모바일용 CI 통합 등으로 접근성 구현 과정을 통합하는 것이 문제를 소급하여 수정하는 것보다 훨씬 이롭습니다.

제6장

구축한
이후

이전 장에서 테스트 및 품질 보증에 대해 논의할 때, 제품이 고객에게 배포되기 전에 문제를 확인하는 것을 논의하였습니다. 이를 수행하는 방법 중 하나는 실제 사람이 애플리케이션을 살펴보고 발견한 문제를 보고하는 수동 테스트입니다. 또 다른 방법은 코드 작성 및 빌드 프로세스 중 특정 시간에 실행되는 자동화된 테스트를 이용하는 것입니다. 이 장에서는 수동 테스트와 자동 테스트를 통해 지속가능한 접근성 설계를 완성하는 방법을 살펴봅니다.

자동화된 테스트

자동화된 테스트는 애플리케이션의 일부를 프로그래밍 방식으로 실행하여 다양한 시나리오에서 예상대로 작동하는지 확인하고 나중에 기본 코드가 변경될 경우 오류(회귀)를 방지하는 것을 의미합니다.

예를 들어, 버튼(그림 6-1)의 텍스트가 배경과 충분한 색상 대비를 이루고 있는지 확인하여 색맹과 같은 시각장애인이 텍스트를 더 쉽게 읽을 수 있도록 합니다.

그림 6-1. 하늘색 배경과 검은색 텍스트가 있는 시작 버튼의 그림

나중에 배경색이 더 어두워지도록 디자인이 변경되어(그림 6-2) 대비 검사에 실패합니다.

그림 6-2. 진한 파란색 배경과 검은색 텍스트가 있는 시작 버튼의 그림

개발자가 로컬(자신의 컴퓨터에서)로 변경하거나 풀 리퀘스트 단계(변경 사항을 주 애플리케이션의 최신 버전과 비교하는 단계)에서 변경하는 즉시 이 테스트는 실패합니다. 이 테스트가 없었다면 피드백 루프가 훨씬 더 길어져(수동 테스터 또는 사용자 → 피드백 채널 → 프로젝트 관리자 → 엔지니어링팀 → 테스터) 사용자가 불만을 제기하거나 수동 검사가 있을 때까지 문제가 해결되지 않았을 것입니다.

자동화된 테스트의 장점은 다음과 같습니다.

(1) 자동화된 테스트는 애플리케이션 개발이 분산되어 있는 경우, 즉 여러 팀이 동일한 코드를 기반으로 변경하는 경우에 특히 효과적입니다.

(2) 여러 버전의 애플리케이션을 배포 전 실험용(개발용)으로 사용할 수 있는 경우, 자동화된 테스트를 통해 수동 테스트 시간이 많이 소요되는 다양한 조합에 대응하면서 전체적 사용자 경험을 테스트할 수 있습니다.

(3) 어느 정도의 수동 검사가 필요한 것은 분명하지만, 자동화된 테스트를 통해 쉽게 발견할 수 있는 오류를 찾아냄으로써 더 복잡한 오류를 발견할 시간을 확보할 수 있습니다. 또한 지속적 배포 프로세스와 통합할 수도 있습니다. 개발자의 워크플로우에서 오류 출현의 강조를 표시함으로써 피드백 루프가 수동 테스트 프로세스보다 훨씬 짧아집니다.

(4) 대규모로 분산된 팀에서 자동화된 테스트 결과는 더 많은 기준 관리나 접근성 교육이 필요할 수 있는 팀을 식별하는 데 도움이 될 뿐만 아니라 접근성이 내장된 표준 디자인 구성요소/프레임워크을 적용할 수 있는 기회도 제공할 수 있습니다.

자동화된 테스트의 한계는 다음과 같습니다.

(1) 현재 자동화된 테스트가 확인할 수 있는 영역은 WCAG 지침의 하위 집합입니다. 특히 모바일에서 몇 가지로 제한이 있습니다. 하위 집합 항목으로는 레이블, 색상 대비, 구두점, 클릭 가능한 스팬 포커스 및 이 섹션의 뒷부분에 나열된 기타 항목을 포함합니다. 물론 개발자가 다른 가이드라인을 충족하기 위해 자체적으로 자동화된 테스트를 작성할 수도 있습니다. 시간이 많이 걸리지만 장기적으로는 그만한 가치가 있는 경우가 많습니다.

(2) 자동 검사로는 접근 가능한 콘텐츠의 의미론적 정확성을 확인할 수 없습니다. 예를 들어, 레이블 검사는 레이블이 있는지 확인할 수는 있지만 레이블이 의미있는 레이블인지 정확한 레이블인지는 확인할 수 없습니다.

(3) 검사할 뷰 화면이 아직 테스트에 포함되지 않은 경우 테스트 적용 범위를 추가하는 데 초기 투자가 필요할 수 있습니다.

(4) 테스트 보고서는 후속 조치를 취해야만 효과적입니다. 접근성 검사에 실패한 경우 전체 요구사항을 병합하는 빠른 방법은 테스트를 비활성화하거나 삭제하는 것입니다.

모바일용 자동화된 테스트 프레임워크는 오픈 소스 라이브러리로 제공됩니다. 예를 들어 GTXiLib(iOS)[1] 및 ATF(안드로이드용 접근성 테스트 프레임워크)[2]와 같은 자동화된 점검을 위한 맞춤형 기능을 제공하는 무료 및 유료 도구가 있습니다. 현재 안드로이드 및 iOS의 오픈 소스 검사에서는 다음과 같은 검사가 가능합니다.

---

1   https://github.com/google/GTXiLib
2   https://developer.andrioid.com/codelabs/ally-testing-espresso

ATF

- 음성 텍스트 표시
- 중복 설명
- 터치 대상 크기
- 텍스트 대비
- 편집 가능한 콘텐츠 설명
- 말하기 가능한 텍스트 중복
- 클릭 가능한 스팬(여백 거리)
- 클릭 가능한 범위 중복
- 이미지 대비 확인
- 클래스 이름 확인
- 트래버스 순서 확인

GTXiLib

GTXiLib 툴킷은 기존 테스트 프레임워크와 통합되어 주어진 루트 내의 모든 하위 요소에 대한 접근성 검사를 실행할 수 있습니다. 즉, 접근성 또는 플랫폼팀은 통합 테스트를 작성하는 개발자를 위해 상대적으로 추가 노력 없이 이러한 검사를 활성화할 수 있습니다. 현재 GTXiLib은 다음을 검사할 수 있습니다.

- 링크 목적 불분명 검사
- 접근성 레이블 존재 여부
- 접근성 레이블-특성 겹침
- 접근성 레이블-구두점 부재
- 접근성 특성: 요소에 충돌하는 접근성 특성이 있는 경우 실패합니다.
- 터치 대상 크기
- 대비 비율(레이블)
- 사용자 맞춤형(지정) 검사 옵션

스캐너

자동 테스트와 수동 테스트의 중간 단계인 스캐너는 사용자가 수동으로 방문하는 각 화면을 스캔하여 접근성 위반 사항을 찾아냅니다. 이러한 스캐너의 예로는 안드로이드 접근성 스캐너와 iOS의 XCode 인스펙터가 있습니다. 웹에서는 Lighthouse와 같은 도구가 웹 사이트에서 접근성 오류의 하위 집합을 검사합니다.

안드로이드의 접근성 스캐너는 구글 플레이스토어에서 다운로드할 수 있는 무료 애플리케이션으로,[3] 한 화면 또는 일련의 화면을 분석하고 공유 가능한 보고서를 생성할 수 있습니다. 다음 쪽으로 이어지는 그림 6-3과 그림 6-4는 음식 배달 앱에서 스캔한 후 보고서를 생성한 예입니다.

---

3 https://play.google.com/store/apps/details?id=com.google.android.apps.accessibility.a uditor

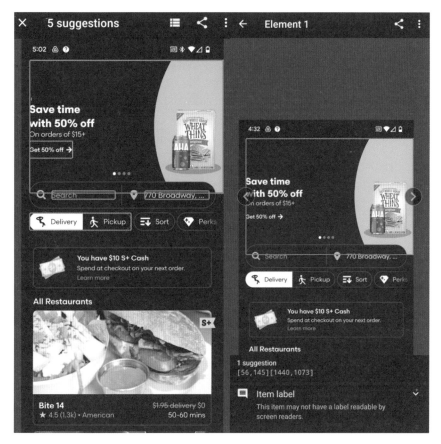

그림 6-3. 음식 배달 앱의 접근성 검사에서 나온 두 개의 스크린숏.
첫 번째 스크린숏은 주황색 윤곽선으로 강조 표시된 감지된 모든 문제를 보여줍니다.
두 번째는 선택된 문제로, 해당 요소의 접근성 문제에 대한 세부 정보를 표시합니다. 이 경우 누락된
레이블입니다.

그림 6-4. 화면에서 발견된 접근성 문제, 해결 방법 및 추가 정보에 대한 링크를 자세히 설명하는 안드로이드 접근성 스캐너에서 생성한 공유 가능한 보고서의 스크린샷.

iOS에서 XCode 인스펙터는 시뮬레이터(가상 기기)에서 화면을 분석하는 개발 환경의 일부입니다. 스캐너는 자동화된 테스트 프로세스가 없는 팀에게 특히 유용합니다. 스캐너는 기본적인 오류 항목들을 강조 표시함으로써 수동 테스트 단계에서 시간을 절약하여 의미론적 검증을 포함한 추가 점검에 시간을 할애할 수 있습니다.

수동 테스트

접근성 규정 준수를 위한 가장 포괄적인 체크리스트는 W3C WAI(Web Accessibility Initiative, 웹 접근성 이니셔티브)에서 발행한 체크리스트이며, www.w3.org/WAI/WCAG21/quickref/에서 확인할 수 있습니다.

이 목록에는 70개 이상의 항목이 포함되어 있어 처음에는 부담감을 느낄 수 있습니다. 특정 제품에는 이러한 항목 중 일부만 적용됩니다. 사용성(단순한 규격 준수 너머)이 목표인 경우 체크리스트는 훌륭한 출발점이 될 수 있지만, 3장에서 설명한 검사 보고서의 우선순위를 정하는 계층적 접근 방식과 마찬가지로, 접근성팀은 접근성 테스트를 버그 배시(모든 제품 관련자가 일상적인 업무를 제쳐두고 제품을 점검하는 절차), 승인 프로세스 및 비정기 검사를 포함한 수동 테스트 루틴과 결합해야 할 것입니다.

효과적인 수동 테스트 전략은 다음과 같은 질문에 답할 수 있습니다.

- 사용자 흐름에서 가장 중요한 항목은 무엇인가?
- 자동화된 프로세스에서 이미 테스트된 항목은 무엇인가?
- 애플리케이션을 얼마나 자주 수동으로 테스트하는가?
    - 정기 테스트(매일, 매주)
    - 릴리스 테스트
    - 버그 배시 세션(Bug bash sessions)
    - 검사
- 각 단계에서 무엇을 테스트해야 하는가?

위 프로세스는 테스트 빈도가 낮은 순서대로 나열되어 있습니다. 사용자 핵심 흐름은 가능한 한 매 단계별로 모든 해당 기준에 따라 테스트해야 하며, 그 다음으로 보조적이고 덜 중요한 사용자 흐름을 테스트해야 합니다.

　제 경험상 매우 효과적이었던 방법은 사용자 페르소나를 만들어 버그 배시당 한 명 이상을 선정하고, 관련 보조기술과 함께 테스트 중인 기능을 번갈아 가며 사용하는 것이었습니다. 버그 배시 세션은 일반적으로 디자이너, 엔지니어, 제품 관리자를 포함한 전체 개발팀과 함께 진행되기 때문에 특히 강력한 효과를 발휘합니다. 첫째, 개발팀은 장애인이 제품을 어떻게 사용하는지 파악하고 그들과 공감하는 데 도움이 됩니다. 둘째, 애플리케이션의 버그뿐만 아니라 새로운 개선 기회도 발견할 수 있습니다. 다음은 입사 지원 사이트에 대한 샘플 페르소나 목록입니다.

페르소나 1

카피라이팅 직무를 찾고 있는 시각장애인 TalkBack(또는 VoiceOver) 작가

페르소나 2

소프트웨어 개발자를 채용하는 청각장애 엔지니어링 관리자

페르소나 3

매장 관리자 직무를 찾는 운동장애와 부분 시력장애를 가진 키보드 사용자

페르소나 4

미술 인턴십과 진로 조언을 구하는 단기 기억 상실증 대학생

Tip　　모바일 애플리케이션을 수동으로 테스트할 때 유용한 점검 요령은 외부 키보드로 테스트하는 것입니다. 이 과정에서 레이블, 포커스 순서, 요소 그룹화, 계층 구조, 링크 및 포커스 트랩 등의 기준을 확인할 수 있기 때문입니다.

외부 테스트 공급업체 평가

때때로 팀은 자동 또는 수동 테스트 지원을 위해 외부 컨설턴트나 관련 외부업체를 고용할 수 있습니다. 여기서 기본적으로 두 가지 질문에 답해야 합니다.

- 사내 테스트 인프라 구축이 비용, 시간 면에서 실현 가능한가요?
- 그렇지 않다면 어떤 외부업체를 선택해야 할까요?

테스트 실행에서 이러한 서비스 제공업체와 내부 솔루션을 벤치마킹하는 데 도움이 되는 평가 기준입니다.

1. 지연 시간

CI 통합의 경우, 짧은 피드백 루프 및 PR 병합 시간을 위해 정기 테스트 시나리오와 접근성 검사를 병렬로 실행해야 합니다. 이는 생성된 보고서의 처리 시간도 고려해야 합니다. 수동 검사라면 이 문제는 그리 중요하지 않습니다.

2. 정확성

여러 화면에 걸쳐 있는 2~3개의 사용자 플로우를 선택하고 알려진 문제 목록을 작성합니다(컨설턴트를 고용하여 이 작업을 수행할 수도 있습니다). 평가에서 1종 오류(또는 2종 오류)를 피하기 위해 알려진 모든 문제가 강조 표시되어 있는지 확인하세요.

3. 확장성

특히 수백 명의 개발자가 동일한 리포지토리에서 작업하는 팀에서 시스템이 동시 빌드 및 대규모 테스트 시나리오를 처리할 수 있도록 확장할 수 있는지 확인하세요.

4. 가격(통합 비용)

팀이 타사 소프트웨어를 기존 빌드 시스템과 통합하고 유지 관리하는 데 얼마나 많은 사전 노력(시간 및 리소스)이 필요할까요? 오픈 소스 프레임워크 위에 동일한 인프라를 구축하는 것과 비교하면 어떤 차이가 있나요?

5. 라이선스 및 공급업체 수수료

수동 테스트: 접근성 테스트 전문가를 사내에서 고용하는 것이 더 실현 가능한가요?

내부 테스터가 시간이 지남에 따라 전담 제품 전문가가 되어 개발팀과 관계를 구축할 수 있다는 이점이 있습니다. 단점은 개별 테스터가 역량을 키우는 데 시간이 걸리고 변동하는 요구사항에 따라 확장하지 못할 수 있다는 것입니다. 시간이 지남에 따라 수동 테스트에 대한 수요가 달라진다면 이러한 유연성을 갖춘 타사 공급업체를 고용하는 것이 경제적으로 더 합리적일 수 있습니다. 소수의 사내 테스터와 필요에 따라 추가 테스터를 사용하는 하이브리드 모델이 일부 기업에게 가장 적합한 옵션일 수 있습니다.

외부 공급업체는 다양한 가격 모델을 제공합니다. 따라서 여러 가지 방식으로 요금을 청구할 수 있는지 확인합니다.

- 일시불
- 시간당
- 실행당
- 화면당
- 발견된 이슈당
- 빌드당
- 개발자당

예를 들어 공급업체의 가격 모델이 리포지토리에서 작업하는 개발자 수를 기준으로 하는 경우, 접근성에 영향을 미치는 사용자를 대면하는 영역의 기능을 작업하는 개발자만 계산하고 싶을 수 있습니다.

6. 적용 범위

(1) 애플리케이션의 얼마나 많은 부분이 적용되나요?

(2) 테스트를 받고자 하는 모든 기준 중 얼마나 많은 기준이 적용되나요? 이 계산을 위한 기준으로 WCAG 가이드라인을 사용할 수 있지만, 제품에 적용되는 가이드라인만 사용하는 것이 더 나은 기준이 될 수 있습니다. WCAG를 프레임워크로 사용하여 직접 작성하면 두 가지 장점을 모두 얻을 수 있습니다.

7. 서비스 수준 계약서(SLA)

공급업체가 합리적인 서비스 수준 계약(SLA), 즉 보고된 문제를 해결하는 데 걸리는 시간이 얼마나 되는지 알고 있나요? 보고는 어떻게 이루어지며 현재 워크플로우와 일치하는가? 예를 들어 시스템에 알려진 문제가 있는 경우 팀에 알림이 전송되나요? 팀에서 문제를 발견하면 공급업체 팀과 쉽게 연락할 수 있는 방법이 있나요? 내부적으로 테스트 팀을 구성하지 않는 것을 정당화할 수 있을 만큼 지원 수준이 우수해야 합니다.

8. 보고서의 실행 가능성

외부업체가 수동 또는 자동으로 생성한 모든 보고서에는 스크린숏, 오류에 대한 자세한 설명, WCAG 또는 문제와 관련된 기타 지침과 코드 샘플을 포함한 제안된 솔루션이 포함되어야 합니다.

이러한 보고서에서 매우 유용한 매트릭은 '사용자 수'입니다. 이 매트릭은 경험상 벤더가 잘 표시하지 않는 영역이지만, 관련 오류와 연관된 문제로 인해 영향을 받을 수 있는 사용자 수(전 세계 또는 특정 국가)를 의미합니다.

9. 보고서의 구문 분석 가능성

유형, 화면, 심각도 및 기타 매개 변수별로 문제를 필터링하고 정렬하는 기능은 핵심적 요소입니다. 이는 보고서를 쉽게 이해할 수 있도록 하여 분류 및 오류 배정 담당자가 조치를 취할 수 있도록 합니다. 철저한 보고서라도 워크플로우에 반영하는 데 시간이 많이 걸리면 그 효력을 잃게 되므로 주의합니다.

10. 맞춤형 가능성

실행 가능성은 보고서 및 보고서와 관련된 워크플로우를 얼마나 맞춤형으로 지정할 수 있는지와 관련이 있습니다. 보고서에서 내부 워크플로우와 대시보드를 지원하는 API로 정보를 추출할 수 있나요? 그렇지 않은 경우, 추가 분석 및 할당을 위해 보고서를 엑셀 또는 기타 문서 형식으로 내보낼 수 있나요?

Note API는 애플리케이션 프로그래밍 인터페이스의 약자로, 시스템이나 컴퓨터가 미리 정해진 일련의 규칙을 사용하여 정보를 공유하는 방법을 의미합니다. 이 경우 내부 보고 애플리케이션이 보고서에서 특정 정보를 요청하여 팀에게 원하는 형식으로 표시하고 알리는 것을 의미할 수 있습니다.

고객 서비스: 고객을 돕고 중요한 문제를 제기하는 방법

앞서 논의한 포용적이고 포괄적인 제품 개발 전략과 테스트 프로세스가 있다면, 이상적으로는 고객 지원팀에 연락해야 하는 사용자가 거의 없기 때문에 고객서비스를 훨씬 쉽게 수행할 수 있습니다.

가이드라인과 모범 사례는 알려진 문제를 방지하는 데 도움이 됩니다. 하지만 사용자마다 제품을 사용하는 고유한 방식이 있습니다. 접근성 맥락에서는 특정 제한 사항, 사용 사례 또는 장애가 복합적으로 작용하는 사용자만이 이해할 수 있는 예기치 않은 상호 작용과 이의 개선 기회가 있을 수 있습니다.

모든 사용자를 위한 지원 페이지, FAQ[4] 및 피드백 채널도 마찬가지입니다. 장애인이 접근 가능한 채널을 통해 관련 팀에 요청 및 피드백을 전달할 수 있도록 하는 것은 장애인 사용자가 사용할 수 없거나 듣지 못하는 등의 불편을 느끼지 않도록 하는 데 중요합니다. 예를 들어, 전화가 유일한 지원 채널인 경우 청각장애나 의사소통에 불안이 있는 사용자를 위해 이메일이나 채팅을 대체할 수 있는 방법을 검토하는 것이 좋습니다.

프로세스의 두 번째 단계는 상담원과 고객 경험팀이 접근성 문제를 식별하고, 그 심각성을 판단하여 적절한 팀에 문제 제기하는 방법을 교육하는 것입니다. 여기에는 도움말 페이지나 FAQ 문서뿐만 아니라 응답 중 사용하는 포용적인 언어도 포함됩니다. 온타리오 교육 서비스 공사[5]에서 발행한 고객 서비스 가이드에는 기본 원칙과 특정 장애에 대한 포용적 언어 지침이 포함되어 있습니다. ADA 웹사이트에도 관련 문서가 있습니다.[6]

실제 사용자의 보고서와 제안은 제품/서비스팀에서 수행한 접근성 노력의 성공 여부를 측정하는 데이터 소스로도 활용할 수 있습니다. 이 데이터 소스는 두 가지 신뢰지수를 나타냅니다. 하나는 제품/서비스팀이 사용자와 효과적인 관계를 맺고 있는 정도 그리고 사용자가 피드백을 공유할 만큼 제품 사용에 투자한 정도입니다.

전체적인 검사와 마찬가지로 이러한 채널은 분산되어 있는 대규모 팀의 시스템적 문제를 강조하여 중앙에서 해결하거나 지원 문서로 통합할 수 있습니다. 이러한 측면에서 성공을 추적하기 위한 몇 가지 매트릭은 다음과 같습니다.

---

4   자주 하는 질문들
5   www.sgdsb.on.ca/upload./documents/accessibility-tips-booklet_eng.pdf
6   https://adata.org/factsheet/quicktips-customer-service

- 애플리케이션 규모 대비 보고된 이슈 수

- 해결된 이슈의 비율

- 평균 문제 해결 시간

- 문제 해결에 소요된 평균 및 총 상담원 시간

- 고객 만족도 평점

 요약

- 자동화된 테스트는 애플리케이션의 일부를 프로그래밍 방식으로 실행하여 다양한 시나리 오에서 예상대로 작동하는지 확인하고 나중에 기본 코드가 변경될 경우 오류(회귀)를 방 지하는 것을 의미합니다.

- 자동화된 테스트의 장점은 버그를 발견하고 수정하는 피드백 주기를 단축하고 대규모로 분산된 팀에서 문제를 시스템적으로 식별하여 팀이 혁신에 집중할 수 있는 시간을 더 확보 할 수 있다는 점입니다.

- 자동 테스트와 수동 테스트의 중간에는 사용자가 수동으로 방문하는 각 화면을 스캔하여 접근성 위반 사항을 찾아내는 스캐너가 있습니다. 이 기능은 자동화된 테스트 프로세스가 없는 팀에 유용합니다. 스캐너는 기본적인 오류에 강조 표시함으로써 수동 테스트 단계의 시간을 절약하고 의미론적 검증을 포함한 점검에 시간을 할애할 수 있습니다.

웹/모바일 접근성,
모두를 위한 비즈니스 확장

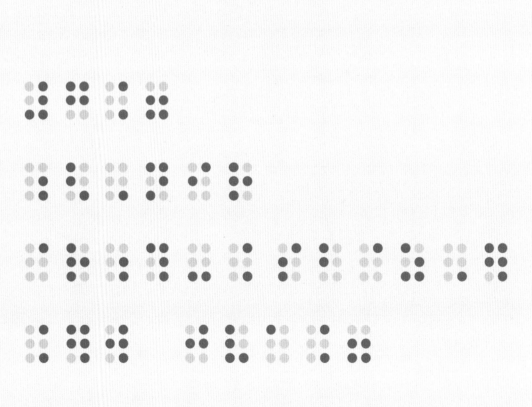

제7장

차세대 개척:
접근성 정의 확장

구체적인 내용을 살펴보기 전에 현재와 20년 후 새로운 기술을 사용하는 장애인의 일상을 비교 상상해 보겠습니다.

2040년의 하루

◖ 제인

제인은 뉴욕에서 프리랜서 저널리스트로 일하고 있습니다. 이탈리아에서 자란 제인은 영어를 유창하게 구사하지만 발음에 심한 억양이 나타납니다. 양쪽 눈에 백내장이 있어 시력의 80%가 제한되어 있습니다. 제인은 센트럴파크 산책, 박물관 방문, 친구들과 새로운 레스토랑 탐험을 즐깁니다.

오전 7시

알렉사(Amazon Alexa)가 좋아하는 노래를 재생하고 에스프레소 머신을 켜서 제인을 깨웁니다.

오전 8시

제인이 냉장고를 열자 마트에서 주문한 달걀이 일주일, 우유가 이틀 남았다는 유통기한 알림이 뜹니다. 내일 더 배달될 예정입니다. 제인은 아침 식사를 준비하고 자율주행차를 타고 고객 미팅을 위해 출발합니다.

오전 8시 50분

교통 체증에 갇혀 차의 도착 시간이 늦어지고 있습니다. 제인은 더 빨리 도착하기 위해 마지막 두 블록을 걸어가기로 결심합니다. 차는 제인을 내려주고 미사용 시간 동안 우버(Uber)로 돈을 벌기 위해 떠납니다. 이제 제인은 회의 장소로 가는 길에서 애플워치(Apple Watch) 지도 안내와 주변 정보, 교통 정보를 안내 받습니다.

제인이 착용한 스마트 AR 안경은 제인이 만날 고객을 인식하여 제인이 테이블까지 가는 경로를 강조 표시합니다. 그녀가 테이블을 향해 걸어가는 동안 안경이 방금 닦은 바닥을 인식하여 햅틱 피드백으로 멈추라는 신호를 시계에 표시하고, 그녀는 그 주변으로 돌아서 걸어갑니다.

오후 12시

제인의 차가 친구와 함께 MoMA(뉴욕현대미술관)에서 점심을 먹기 위해 그녀를 태웁니다. 그녀는 오디오 투어 가이드와 함께 미술관을 돌아다니며 눈에 띄는 작품에 대해 질문합니다. 점심 테이블에서 그녀의 안경은 메뉴판 내용을 확대합니다. 그녀는 시계를 통해 자신이 가리키는 항목에 대한 점자 표시도 볼 수 있습니다. 전체 메뉴를 듣거나 제스처를 통해 실제 메뉴를 탐색 혹은 추천/강조된 항목만 듣도록 선택할 수 있습니다.

오후 2시

박물관을 떠나기 전에 제인은 박물관 매장을 둘러봅니다. 제인은 매장을 돌아다니면서 안경으로 보고 있는 상품을 스캔하고 상품에 대한 설명, 가격, 세일 여부, 다른 매장의 비슷한 상품과 비교한 정보를 듣습니다. 같이 온 시각장애 친구는 제인이 얼마나 효율적으로 쇼핑을 할 수 있는지 흥미를 느끼고 제인의 안경을 사용해 보고 싶다고 요청합니다. 두 사람은 찻주전자를 구입하기로 결정한 뒤 친구는 신용카드로 결제하고 제인은 애플워치로 결제합니다. 제인은 남은 업무를 마무리하기 위해 집으로 향합니다.

오후 5시

제인은 햅틱 전용 모드로 설정한 스마트 안경과 시계만 가지고 센트럴파크를 산책합니다. 이렇게 하면 잠재적인 장애물의 심각도와 방향에 대한 진동 피드백을 받을 수 있고, 포크 음악 밴드인 Vandaveer의 음악을 중단 없이 즐길 수 있으며, Spotify에서 Discover Weekly 재생 목록에 추가해 줍니다. 브랜드 노출이 궁금하신 분들을 위해 말씀드리자면, 제가 Spotify에서 일하고 있습니다. 하하.

오후 6시 30분

제인은 음성 어시스턴트에게 자신과 룸메이트가 좋아하는 레스토랑에서 이탈리아어로 저녁 식사를 주문해 달라고 요청합니다(이탈리아어로 이탈리아 음식을 주문합니다). 음성 어시스턴트가 영어로 전화를 걸고 주문을 하는 동안 제인은 시청할 프로그램을 선택합니다. 제인은 룸메이트와 함께 몇 개의 에피소드를 시청합니다. 둘은 각각 헤드폰을 가지고 있는데, 제인의 헤드폰은 오디오 설명을 수신하도록 설정되어 있지만 룸메이트의 헤드폰은 그렇지 않습니다.

◖◗ 조

조는 테네시 주 채터누가에서 아내 제이미와 함께 살고 있는 65세의 퇴역 공군 베테랑입니다. 그는 뉴스를 읽고, 제이미와 산책을 하며, 일주일에 몇 시간씩 비행 시뮬레이터로 시간을 보내는 것을 좋아합니다. 그는 최근 운동과 언어 사용 시 부정확한 결과를 유발할 수 있는 파킨슨병 진단을 받았습니다.

오전 9시

조와 제이미는 동네 커피숍에 가서 휴대폰으로 뉴스를 읽습니다. 조는 손가락으로 탭 하는 대신 휴대폰에 내장된 시선 및 헤드 트래킹 기술을 사용하여 기사를 선택하고 읽는 반면, 폰의 충전이 필요한 제이미는 뉴스 앱을 다크 모드로 전환합니다. 집으로 돌아와 오후에는 뒷마당에서 새와 다람쥐를 관찰하며 시간을 보냅니다.

오후 1시

조와 제이미는 점심을 먹으면서 태블릿으로 손자들과 페이스타임을 합니다. 손주들이 캡션을 켭니다. 조는 의사와의 후속 진료 예약 전에 자신의 휴대폰으로 체중, 바이탈, 기타 평가에 대한 알림을 영상으로 받습니다. 이 시간 동안 조의 음성 어시스턴트는 질병이 진행됨에 따라 조의 음성을 인식할 수 있도록 백그라운드에서 AI 모델을 훈련하고 있습니다.

오후 6시

조가 비행 시뮬레이터를 켜고 가상 부조종사 및 친구와 연결할 시간입니다. 조는 세계에서 가장 위험한 공항으로 평가 받는 텔루라이드에 A320을 착륙시키기 위해 적응형 제어와 시선 추적 소프트웨어를 설정했습니다. 제이미는 옆방에서 책을 읽으며 자신의 바이탈을 추적하는 조의 시계가 홈 어시스턴트가 개입해야 할 필요가 있을 때를 대비해 홈 어시스턴트와 통신할 것이라는 확신을 가지고 있습니다. 조도 마찬가지입니다.

오후 8시

조는 다음 재향군인의 날에 우주 비행 티켓을 받기 위해 복권에 응모합니다. 신청서에는 그의 병력에 대한 질문이 나오는데, 이는 그의 훈련과 팀에 대한 추가 고려 사항을 결정하는 데 사용될 것입니다.

◖ 제이

제이는 인도 하리아나 주의 고등학생으로 대학에서 컴퓨터 공학을 공부하고 싶어 합니다. 그는 가족 중 처음으로 대학에 진학할 예정입니다. 제이는 ADHD를 앓고 있으며 최근 중이염으로 인해 일시적으로 청력을 잃었습니다. 학교에서는 수업의 절반은 온라인으로, 절반은 대면으로 진행합니다. 여가 시간에는 친구들과 축구를 보고 즐기며 프로그래밍 프로젝트를 진행합니다.

오전 8시

제이는 온라인 수업에 참여하여 선생님의 재귀함수 설명을 듣고, 실시간 프로그래밍 연습 문제를 풀게 됩니다. 사용하는 화상 회의 도구는 라이브 캡션과 채팅으로 질문하거나 손을 들어 구두로 질문할 수 있는 옵션이 있습니다. 상호 작용과 참여 옵션은 훌륭하지만 때때로 참여자들 다수로 포커싱이 잡히면 다소 산만할 수 있습니다. 이 애플리케이션 사용 시 제이는 모든 것(강사, 수업에 참여한 모든 사람, 채팅의 질문 스트림 및 채팅의 댓글)을 동시에 볼 수 있습니다. 휴대폰 서비스가 불안정한 야외에서도 사용할 수 있습니다. 강의가 끝나면, 강의 내용이 담긴 이메일을 받아 필기하는 대신 복습할 부분을 강조 표시하도록 편집합니다.

오후 1시

수업이 끝나면 점심시간이 주어집니다. 제이는 하루 동안 배운 내용을 복습하고 오후에는 낮잠을 자며 같은 반 친구들과 함께 그룹 프로젝트를 진행합니다.

오후 5시

제이는 축구를 하러 동네 공원으로 갑니다. 가는 도중에, 자신이 탄 자전거를 추월하려는 자동차가 나타났음을 인지합니다. 제이는 시야의 뒤쪽을 주의해야 한다는 햅틱 알림을 받습니다. 그는 차가 지나갈 수 있도록 도로 옆으로 방향을 바꿉니다. 팀이 전략을 결정하는 하프타임에는 휴대폰의 라이브 트랜스크라이브 앱을 사용하여 구두로 응답합니다.

오후 6시 30분

제이와 가족은 한국 스릴러 영화 〈기생충〉을 자막과 함께 시청합니다. 청각장애가 있고 글을 배우지 못한 할머니는 실시간 수화 앱을 사용하여 이야기를 따라갈 수 있게 돕습니다.

위에서 서술한 여러 상황은 가상의 미래이지만 수백만 명의 사람들이 실제로 경험하는 것과 크게 다르지 않습니다. 일부 솔루션은 미래적인 것처럼 보일 수 있지만 이미 존재하거나 개발 중인 것도 상당합니다. 보조기술은 오랫동안 주류 기술과 연결할 수 있는 길을 닦아 왔습니다. 가상의 미래는 컴퓨터 비전, AI 기반 개인화, 이미지 처리, XR(증강, 가상 및 혼합 현실), IoT(사물 인터넷), 스마트폰을 기반으로 하여 여러 보조기술이 어떻게 결합되어 모든 사람의 삶을 풍요롭게 하며, 불편 없는 경험을 만들어낼 수 있는지를 보여주는 일부에 불과합니다.

마이크로소프트는 시각장애인이 카메라를 사용하여 휴대폰으로 주변 사물에 대한 설명을 들을 수 있는 Seeing AI를 출시했습니다. 이 AI 서비스는 문서를 읽고, 바코드를 스캔하고, 얼굴을 인식하는 데 도움을 줄 수 있습니다.[1] 2020년부터 출시되는 아이폰 모델에는 깊이 인식과 장애물 주변을 탐색하는 능력을 크게 향상시킬 수 있는 LIDAR[2](거리 감지)가 장착되어 있으며, 다른 응용 프로그램 사용 중에도 감지할 수 있습니다.

성능, 로컬라이제이션 및 금융 접근성

2장에서는 장애유형에 따른 기능적 사용자 요구에 대해 논의했습니다. 아직은 구체적이지 않으나, 점점 비즈니스에 큰 기여를 할 수 있는 포용성의 다른 측면에 대해 이야기해 보겠습니다.

기술적 성능

성능이란 애플리케이션의 속도와 효율성을 의미하며 이는 고객 확보, 참여도, 리텐션 등 모든 주요 지표에 직접적인 영향을 미칩니다. 예를 들어 아마존과 월마트는 시작 시간이 100밀리세컨드(0.1초) 증가할 때마다 매출이 1%씩 증가했습니다.[3] 마찬가지로 구글은 대기 시간이 0.5초 증가하면 트래픽이 20% 감소한다고 보고했습니다.[4]

모니터링할 수 있는 성능 지표는 다음과 같습니다.

---

1   www.microsoft.com/en-us/garage/wall-of-fame/seeing-ai/

2   https://oceanservice.noaa.gov/facts/lidar.html

3   www.globaldots.com/resources/blog/how-website-speed-affects-conversion-rates/

4   https://ieeexplore.ieee.org/document/7280867

- 콜드 스타트 시간: 애플리케이션을 열고 콘텐츠를 사용할 수 있거나 볼 수 있을 때까지 걸리는 시간을 의미합니다.
- 데이터 사용량
- 애플리케이션 크기 – 애플리케이션 설치를 위한 메모리 사용량
- 메모리 사용량(앱 크기 및 저장 공간) – 애플리케이션이 실행되면 디바이스에 데이터를 저장하는 데 필요한 메모리 용량
- 배터리 소모량

성능은 거의 논의되지 않는 디지털 포용의 또 다른 측면이며, 금융 포용성과도 관련이 있습니다. 모바일 디바이스는 노트북이나 데스크톱 컴퓨터보다 경제성이 뛰어나며, 가장 다양한 사용 사례를 지원한다는 점(장소에 국한되지 않음)도 빼놓을 수 없습니다. 하지만 모바일 공간 내에서도 성능 특성은 보급형 가격대부터 최고급 기기까지 큰 차이가 있습니다.

2022년 기준으로 휴대폰은 최저 20달러[5]부터 구입할 수 있는 반면, 아이폰은 429달러[6]부터 시작합니다.

일반적으로 애플리케이션이나 모바일 웹사이트가 저사양 기기에서 제대로 작동하고 성능이 좋다면 고사양 기기에서 더 잘 작동할 것입니다. 흔히 점진적 개선이라고도 말하는 최하위 공통분모에 최적화하는 것은 원원전략입니다. 그렇다고 해서 고사양 디바이스에 제공되는 추가 리소스를 사용하여 더 즐거운 경험을 만드는 데 제한을 두어야 한다는 뜻은 아닙니다. 모바일에서는 인스턴트 앱[7] 및 앱 번들[8]과 같은 패러다임 형태의 모듈화를 통해 제품을 개별 기능으로 세분화하여 이러한 저사양 문제를 해결할

---

5   www.techradar.com/new/the-land-of-the-20-smartphone

6   www.apple.com/shop/buy-iphone/iphone-se

7   https://developer.android.com/topic/google-play-instant

8   https://developer.android.com/guide/app-bundle

수 있습니다. 페이스북 메신저, Spotify, 트위터와 같은 앱은 저사양 디바이스를 사용하는 더 많은 사용자에게 도달하기 위해 일반 앱의 라이트 버전도 제공합니다. 일부 기업은 더 작은 규모의 네이티브 앱을 사용하고, 다른 기업은 웹 기반의 프로그레시브 웹 앱(PWA)[9]을 사용합니다. 스타벅스는 PWA의 좋은 예로, 스타벅스의 기존 iOS 앱보다 99.84% 더 작은 웹 앱을 개발하여 사용자들에게 큰 인기를 얻고 있습니다. 그 결과, 매일 주문하는 웹 사용자 수가 두 배로 증가했으며 데스크톱 사용자도 모바일 사용자와 거의 같은 비율로 주문하고 있습니다.[10]

로컬라이제이션

소비재 제품의 경우 가능한 한 광범위한 고객층에 도달하는 것이 영원한 목표입니다. 접근성은 이를 달성하는 한 가지 방법입니다. 로컬라이제이션 또는 제품을 두 개 이상의 언어로 제공하는 것도 효과적인 방법입니다.

앞서 다양한 언어를 고려한 디자인이 UI 구성요소의 동적 크기 조정 및 상대적 배치에 어떻게 도움이 되는지에 대해 설명했습니다. 하지만 더 이상 로컬라이제이션이 텍스트 기반 콘텐츠에만 적용된다고 생각할 수 없습니다.

음성 인터랙션이 대세로 자리 잡으면서 사용자가 콘텐츠를 보는 방식뿐만 아니라 이해하는 방식도 확인이 필요합니다. 여기에는 다양한 언어와 악센트를 고려하는 것도 포함됩니다. 음성 감지는 대규모 데이터 세트와 복잡한 알고리즘이 제대로 작동해야 하는 매우 복잡한 영역이므로 다음 요점으로 넘어가겠습니다.

---

9 https://developer.mozilla.org/en-US/docs/Web/Progressive_web_apps/Introduction

10 www.simicart.com/blog/progressive-web-apps-examples/

멀티모달 입력 및 출력

음성 어시스턴트는 기존에는 시각적 방식만으로 동작하던 디바이스에 새로운 상호 작용 옵션을 추가합니다. 이는 시각장애인뿐만 아니라 글을 읽지 못하거나 읽지 않으려는 사용자들에게도 훌륭한 보조기술입니다. (개인적으로 저는 휴대폰에 타이핑하는 대신 음성 타이핑을 주로 사용합니다.)

그러나 청각 및 언어장애 사람들에게는 음성 어시스턴트 사용이 제한적입니다. 전통적인 장애유형으로 정의된 두 가지 유형은 물론이고, 주변 상황(시끄러운 환경), 억양 또는 흔하지 않은 말하기 패턴으로 인해 제한이 발생하는 것입니다.

진정한 포용적 경험이라고 선언하려면 시각, 청각, 촉각 등 다양한 참여기술 모드를 제공하여 사용자가 주어진 순간의 환경에 자신에게 가장 적합한 것을 선택할 수 있도록 하는 것이 필요합니다.

상호 운용성과
플랫폼의 역할

포용성 프로세스와 그에 따른 비즈니스 결과에 대한 궁극적인 책임은 개별 제품에 있지만, IDE와 플랫폼 개발 도구를 통해 이러한 프로세스를 계속 통합할수록 팀은 일상적인 워크플로우의 일부로서 올바른 일을 더 쉽게 수행할 수 있습니다. 또한 매일 여러 제품과 상호 작용하는 사용자에게 표준 기대치를 설정합니다.

상호 운용성의 또 다른 차원은 다양한 브라우저, 모바일 운영 체제 및 디바이스 조합에서 예측 가능하게 작동하는 보조기술에서 시작합니다. 이는 접근성이 주류 기술 컨퍼런스, 오픈 소스 프로젝트, 해커톤 및 기술에 대한 전반적인 대화의 일부가 되기 전까지는 불가능할 것입니다.

사고방식

접근성은 주로 장애인이 정보와 미디어를 소비할 수 있도록 하는 데 초점을 맞춰 왔습니다. 기술 덕분에 수백만 명의 사람들이 재택근무를 하고, 창의적인 열정으로 수익을 창출하며, 전례 없는 방식으로 디지털 세계에 참여할 수 있게 되었습니다. 이제 더이상 포용성에 대해 사람들이 콘텐츠의 소비자로만 활동하는 일방통행으로 한정하여 생각할 여유가 없습니다. 장애인이 크리에이터 중심으로서 원격 우선 경제에 참여할 수 있는 포용적 도구는 비장애인 전용 도구에 비해 큰 이점을 제공할 것입니다.

같은 맥락에서 원격 또는 하이브리드 오피스 모델을 채택한 기업은 지리적으로 다양한 지원자를 고용할 수 있을 뿐만 아니라 매일 출근할 수 없는 사람들도 유연하게 고용할 수 있습니다. Accenture의 연구에 따르면, 미국 장애인의 1%만이라도 노동력에 추가로 참여할 수 있다면 미국 GDP는 250억 달러까지 증가할 수 있습니다.[11] 현재 장애인과 비장애인의 고용률에는 40% 이상의 차이가 있습니다.[12] 이렇게 다양한 미개발 인재 풀에서 채용할 경우 직원 리소스, 업무 관련 도구, 지원 및 채용 관행을 재고해야 하는 책임이 따릅니다.

장애 포용에 대해 생각하지 않아도 되는 사람은 아무도 없습니다. 누구나 인생의 어느 시점에 일시적 또는 상황적 장애에 직면하거나 다른 장애인을 돌보는 역할을 하게 될 가능성이 높습니다. 접근성의 기본 원칙에 대해 논의한 3장(그리고 이 장의 앞부분)에서 새로운 트렌드를 살펴본 결과, 한 가지 패턴이 분명해졌습니다. 보조기술을 체크박스 항목으로 취급하거나 또는 차세대 첨단 기술에 대한 영감 제공 항목으로도 취급

---

11 www.accenture.com/_acnmedia/pdf-89/accenture-disability-inclusion-research-report.pdf
12 www.brookings.edu/blog/the-avenue/2018/07/225/only-four-out-of-ten-working-age-adults-with-disabilities-are-employed

할 수 있습니다. 결정적인 요소는 팀의 장기적인 집중력, 상상력, 세계 최고 수준의 제품을 만들 수 있는 능력입니다.

◖ 요약

- 디지털 포용성에서 좀처럼 논의되지 않는 또 다른 이점은 금융 포용성입니다. 저가형 디바이스에 최적화하면 고가형 디바이스에서도 더 잘 작동할 수 있습니다.

- 로컬라이제이션 또는 두 개 이상의 언어로 제품을 제공하는 것은 가능한 한 광범위한 고객에게 도달할 수 있는 또 다른 효과적인 방법입니다. 여기에는 다양한 언어와 악센트를 고려하는 것이 포함됩니다.

- 진정으로 포용적인 경험이라고 하려면 시각, 청각, 촉각 등 다양한 참여 모드를 제공하여 본인에게 주어진 사용 환경에서 자신에게 가장 적합한 것을 선택할 수 있도록 하는 것이 가장 좋은 방법입니다.

- 상호 운용성의 또 다른 차원은 다양한 브라우저, 모바일 운영 체제 및 디바이스 조합에서 예측 가능하게 작동하는 보조기술에서 비롯됩니다.

- 크리에이터 중심의 모바일 퍼스트 경제에 장애인의 참여가 가능하도록 하는 포용적인 도구는 비장애인에게도 큰 이점을 제공할 것입니다.

- 우리는 인생의 어느 시점에 일시적 또는 상황적 장애에 직면하거나 다른 사람을 돌보는 사람이 될 가능성이 높습니다. 우리는 보조기술을 체크박스 항목으로 취급할 수도 있고, 차세대 첨단 기술에 대한 영감으로 취급할 수도 있습니다.

웹/모바일 접근성,
모두를 위한 비즈니스 확장

찾아보기

찾아보기

웹/모바일 접근성, 모두를 위한 비즈니스 확장

© 글로벌콘텐츠, 2024

1판 1쇄 인쇄__2023년 12월 30일
1판 1쇄 발행__2024년 01월 05일

지은이__Sukriti Chadha
옮긴이__김현영
펴낸이__홍정표
펴낸곳__글로벌콘텐츠
      등록__제25100-2008-000024호

공급처__(주)글로벌콘텐츠출판그룹
      대표_홍정표 이사_김미미 편집_임세원 강민욱 백승민 권군오 기획·마케팅_이종훈 홍민지
      주소__서울특별시 강동구 풍성로 87-6
      전화__02) 488-3280 팩스__02) 488-3281
      홈페이지__http://www.gcbook.co.kr
      이메일__edit@gcbook.co.kr

값 20,000원
ISBN 979-11-5852-402-9 13000